本书编委会

中华人民共和国
退役军人保障法
实用问答

郭林茂　李向东　主编

中国民主法制出版社

图书在版编目（CIP）数据

中华人民共和国退役军人保障法实用问答／郭林茂，李向东主编．—北京：中国民主法制出版社，2021.2

ISBN 978-7-5162-2514-1

Ⅰ．①中… Ⅱ．①郭… ②李… Ⅲ．①退役—军人—社会保障法—中国—问题解答 Ⅳ．①D922.505

中国版本图书馆 CIP 数据核字（2021）第 027150 号

图书出品人： 刘海涛
出 版 统 筹： 乔先彪
责 任 编 辑： 陈　曦　贾萌萌
图 书 策 划： 刘　卫

书　　名／中华人民共和国退役军人保障法实用问答
作　　者／郭林茂　李向东　主编

出版·发行／中国民主法制出版社
地址／北京市丰台区右安门外玉林里 7 号（100069）
电话／010－57258080　57514499（系统发行）　63292520（编辑室）
传真／010－84815841
http：//www.npcpub.com
E-mail：mzfz@npcpub.com
经销／新华书店
开本／16 开　710 毫米×1000 毫米
印张／6.75　**字数**／87 千字
版本／2021 年 2 月第 1 版　2021 年 2 月第 1 次印刷
印刷／北京飞帆印刷有限公司

书号／ISBN 978-7-5162-2514-1
定价／36.00 元

前　言

2020年11月11日，十三届全国人大常委会第二十三次会议审议通过了《中华人民共和国退役军人保障法》，国家主席习近平签署第六十三号主席令予以公布。退役军人保障法自2021年1月1日起施行。退役军人保障法的颁布实施，充分体现了党和国家对退役军人的亲切关怀，对做好新时代退役军人保障工作，更好维护退役军人合法权益，让军人成为全社会尊崇的职业，推进强军兴军事业具有十分重要的意义。

为配合退役军人保障法的学习宣传和贯彻实施工作，帮助广大读者准确理解立法原意和法律规定，全国人大常委会法制工作委员会社会法室、退役军人事务部政策法规司组织参与立法工作的有关同志编写了《中华人民共和国退役军人保障法实用问答》，供大家学习参考。本书以问答形式对法律规定的主要内容进行解读，力求简明扼要，通俗易懂，直观准确反映退役军人保障法的立法原意，但由于时间和水平有限，不妥和疏漏之处在所难免，敬请广大读者批评指正。

编　者

2021年2月

目　录

中华人民共和国主席令

第六十三号

《中华人民共和国退役军人保障法》已由中华人民共和国第十三届全国人民代表大会常务委员会第二十三次会议于 2020 年 11 月 11 日通过，现予公布，自 2021 年 1 月 1 日起施行。

中华人民共和国主席　习近平

2020 年 11 月 11 日

中华人民共和国退役军人保障法

（2020年11月11日第十三届全国人民代表大会常务委员会第二十三次会议通过）

目　录

第一章　总　　则

第一条　为了加强退役军人保障工作，维护退役军人合法权益，让军人成为全社会尊崇的职业，根据宪法，制定本法。

第二条　本法所称退役军人，是指从中国人民解放军依法退出现役的军官、军士和义务兵等人员。

第三条　退役军人为国防和军队建设做出了重要贡献，是社会主义现代化建设的重要力量。

尊重、关爱退役军人是全社会的共同责任。国家关心、优待退役军人，加强退役军人保障体系建设，保障退役军人依法享有相应的权益。

第四条 退役军人保障工作坚持中国共产党的领导，坚持为经济社会发展服务、为国防和军队建设服务的方针，遵循以人为本、分类保障、服务优先、依法管理的原则。

第五条 退役军人保障应当与经济发展相协调，与社会进步相适应。

退役军人安置工作应当公开、公平、公正。

退役军人的政治、生活等待遇与其服现役期间所做贡献挂钩。

国家建立参战退役军人特别优待机制。

第六条 退役军人应当继续发扬人民军队优良传统，模范遵守宪法和法律法规，保守军事秘密，践行社会主义核心价值观，积极参加社会主义现代化建设。

第七条 国务院退役军人工作主管部门负责全国的退役军人保障工作。县级以上地方人民政府退役军人工作主管部门负责本行政区域的退役军人保障工作。

中央和国家有关机关、中央军事委员会有关部门、地方各级有关机关应当在各自职责范围内做好退役军人保障工作。

军队各级负责退役军人有关工作的部门与县级以上人民政府退役军人工作主管部门应当密切配合，做好退役军人保障工作。

第八条 国家加强退役军人保障工作信息化建设，为退役军人建档立卡，实现有关部门之间信息共享，为提高退役军人保障能力提供支持。

国务院退役军人工作主管部门应当与中央和国家有关机关、中央军事委员会有关部门密切配合，统筹做好信息数据系统的建设、维护、应用和信息安全管理等工作。

第九条 退役军人保障工作所需经费由中央和地方财政共同负担。退役安置、教育培训、抚恤优待资金主要由中央财政负担。

第十条 国家鼓励和引导企业、社会组织、个人等社会力量依法通过捐赠、设立基金、志愿服务等方式为退役军人提供支持和帮助。

第十一条 对在退役军人保障工作中做出突出贡献的单位和个人，按照国家有关规定给予表彰、奖励。

第二章 移交接收

第十二条 国务院退役军人工作主管部门、中央军事委员会政治工作部门、中央和国家有关机关应当制定全国退役军人的年度移交接收计划。

第十三条 退役军人原所在部队应当将退役军人移交安置地人民政府退役军人工作主管部门，安置地人民政府退役军人工作主管部门负责接收退役军人。

退役军人的安置地，按照国家有关规定确定。

第十四条 退役军人应当在规定时间内，持军队出具的退役证明到安置地人民政府退役军人工作主管部门报到。

第十五条 安置地人民政府退役军人工作主管部门在接收退役军人时，向退役军人发放退役军人优待证。

退役军人优待证全国统一制发、统一编号，管理使用办法由国务院退役军人工作主管部门会同有关部门制定。

第十六条 军人所在部队在军人退役时，应当及时将其人事档案移交安置地人民政府退役军人工作主管部门。

安置地人民政府退役军人工作主管部门应当按照国家人事档案管理有关规定，接收、保管并向有关单位移交退役军人人事档案。

第十七条 安置地人民政府公安机关应当按照国家有关规定，及时为退役军人办理户口登记，同级退役军人工作主管部门应当予以协助。

第十八条 退役军人原所在部队应当按照有关法律法规规定，及时将退役军人及随军未就业配偶的养老、医疗等社会保险关系和相应资金，转入安置地社会保险经办机构。

安置地人民政府退役军人工作主管部门应当与社会保险经办机构、军队有关部门密切配合，依法做好有关社会保险关系和相应资金转移接续工作。

第十九条 退役军人移交接收过程中，发生与其服现役有关的问题，由原所在部队负责处理；发生与其安置有关的问题，由安置地人民政府负责处理；发生其他移交接收方面问题的，由安置地人民政府负责处理，原所在部队予以配合。

退役军人原所在部队撤销或者转隶、合并的，由原所在部队的上级单位或者转隶、合并后的单位按照前款规定处理。

第三章 退役安置

第二十条 地方各级人民政府应当按照移交接收计划，做好退役军人安置工作，完成退役军人安置任务。

机关、群团组织、企业事业单位和社会组织应当依法接收安置退役军人，退役军人应当接受安置。

第二十一条 对退役的军官，国家采取退休、转业、逐月领取退役金、复员等方式妥善安置。

以退休方式移交人民政府安置的，由安置地人民政府按照国家保障与社会化服务相结合的方式，做好服务管理工作，保障其待遇。

以转业方式安置的，由安置地人民政府根据其德才条件以及服现役期间的职务、等级、所做贡献、专长等和工作需要安排工作岗位，确定相应的职务职级。

服现役满规定年限，以逐月领取退役金方式安置的，按照国家有关规定逐月领取退役金。

以复员方式安置的，按照国家有关规定领取复员费。

第二十二条 对退役的军士，国家采取逐月领取退役金、自主就业、安排工作、退休、供养等方式妥善安置。

服现役满规定年限，以逐月领取退役金方式安置的，按照国家有关规定逐月领取退役金。

服现役不满规定年限，以自主就业方式安置的，领取一次性退役金。

以安排工作方式安置的，由安置地人民政府根据其服现役期间所做贡献、专长等安排工作岗位。

以退休方式安置的，由安置地人民政府按照国家保障与社会化服务相结合的方式，做好服务管理工作，保障其待遇。

以供养方式安置的，由国家供养终身。

第二十三条 对退役的义务兵，国家采取自主就业、安排工作、供养等方式妥善安置。

以自主就业方式安置的，领取一次性退役金。

以安排工作方式安置的，由安置地人民政府根据其服现役期间所做贡献、专长等安排工作岗位。

以供养方式安置的，由国家供养终身。

第二十四条 退休、转业、逐月领取退役金、复员、自主就业、安排工作、供养等安置方式的适用条件，按照相关法律法规执行。

第二十五条 转业军官、安排工作的军士和义务兵，由机关、群团组织、事业单位和国有企业接收安置。对下列退役军人，优先安置：

（一）参战退役军人；

（二）担任作战部队师、旅、团、营级单位主官的转业军官；

（三）属于烈士子女、功臣模范的退役军人；

（四）长期在艰苦边远地区或者特殊岗位服现役的退役军人。

第二十六条 机关、群团组织、事业单位接收安置转业军官、安排工作的军士和义务兵的，应当按照国家有关规定给予编制保障。

国有企业接收安置转业军官、安排工作的军士和义务兵的，应当按照国家规定与其签订劳动合同，保障相应待遇。

前两款规定的用人单位依法裁减人员时，应当优先留用接收安置的转业和安排工作的退役军人。

第二十七条 以逐月领取退役金方式安置的退役军官和军士，被录用为公务员或者聘用为事业单位工作人员的，自被录用、聘用下月起停发退役金，其待遇按照公务员、事业单位工作人员管理相关法律法规执行。

第二十八条 国家建立伤病残退役军人指令性移交安置、收治休养制度。军队有关部门应当及时将伤病残退役军人移交安置地人民政府安置。安置地人民政府应当妥善解决伤病残退役军人的住房、医疗、康复、护理和生活困难。

第二十九条 各级人民政府加强拥军优属工作，为军人和家属排忧解难。

符合条件的军官和军士退出现役时，其配偶和子女可以按照国家有关规定随调随迁。

随调配偶在机关或者事业单位工作，符合有关法律法规规定的，安置地人民政府负责安排到相应的工作单位；随调配偶在其他单位工作或者无工作单位的，安置地人民政府应当提供就业指导，协助实现就业。

随迁子女需要转学、入学的，安置地人民政府教育行政部门应当予以及时办理。对下列退役军人的随迁子女，优先保障：

（一）参战退役军人；

（二）属于烈士子女、功臣模范的退役军人；

（三）长期在艰苦边远地区或者特殊岗位服现役的退役军人；

（四）其他符合条件的退役军人。

第三十条 军人退役安置的具体办法由国务院、中央军事委员会制定。

第四章 教育培训

第三十一条 退役军人的教育培训应当以提高就业质量为导向，紧密围绕社会需求，为退役军人提供有特色、精细化、针对性强的培训服务。

国家采取措施加强对退役军人的教育培训，帮助退役军人完善知识结构，提高思想政治水平、职业技能水平和综合职业素养，提升就业创业能力。

第三十二条 国家建立学历教育和职业技能培训并行并举的退役军人教育培训体系，建立退役军人教育培训协调机制，统筹规划退役军人教育培训工作。

第三十三条 军人退役前，所在部队在保证完成军事任务的前提下，可以根据部队特点和条件提供职业技能储备培训，组织参加高等教育自学考试和各类高等学校举办的高等学历继续教育，以及知识拓展、技能培训等非学历继续教育。

部队所在地县级以上地方人民政府退役军人工作主管部门应当为现役军人所在部队开展教育培训提供支持和协助。

第三十四条 退役军人在接受学历教育时，按照国家有关规定享受学费和助学金资助等国家教育资助政策。

高等学校根据国家统筹安排，可以通过单列计划、单独招生等方式招考退役军人。

第三十五条 现役军人入伍前已被普通高等学校录取或者是正在普通高等学校就学的学生，服现役期间保留入学资格或者学籍，退役后两年内允许入学或者复学，可以按照国家有关规定转入本校其他专业学习。达到报考研究生条件的，按照国家有关规定享受优惠政策。

第三十六条 国家依托和支持普通高等学校、职业院校（含技工院校）、专业培训机构等教育资源，为退役军人提供职业技能培训。退役军人未达到法定退休年龄需要就业创业的，可以享受职业技能培训补贴等相应扶持政策。

军人退出现役，安置地人民政府应当根据就业需求组织其免费参加职业教育、技能培训，经考试考核合格的，发给相应的学历证书、职业资格证书或者职业技能等级证书并推荐就业。

第三十七条 省级人民政府退役军人工作主管部门会同有关部门加强动态管理，定期对为退役军人提供职业技能培训的普通高等学校、职业院校（含技工院校）、专业培训机构的培训质量进行检查和考核，提高职业技能培训质量和水平。

第五章　就业创业

第三十八条 国家采取政府推动、市场引导、社会支持相结合的方式，鼓励和扶持退役军人就业创业。

第三十九条 各级人民政府应当加强对退役军人就业创业的指导和服务。

县级以上地方人民政府退役军人工作主管部门应当加强对退役军人就业创业的宣传、组织、协调等工作，会同有关部门采取退役军人专场招聘会等形式，开展就业推荐、职业指导，帮助退役军人就业。

第四十条 服现役期间因战、因公、因病致残被评定残疾等级和退役后补评或者重新评定残疾等级的残疾退役军人，有劳动能力和就业意愿的，优先享受国家规定的残疾人就业优惠政策。

第四十一条 公共人力资源服务机构应当免费为退役军人提供职业介绍、创业指导等服务。

国家鼓励经营性人力资源服务机构和社会组织为退役军人就业创

业提供免费或者优惠服务。

退役军人未能及时就业的，在人力资源和社会保障部门办理求职登记后，可以按照规定享受失业保险待遇。

第四十二条 机关、群团组织、事业单位和国有企业在招录或者招聘人员时，对退役军人的年龄和学历条件可以适当放宽，同等条件下优先招录、招聘退役军人。退役的军士和义务兵服现役经历视为基层工作经历。

退役的军士和义务兵入伍前是机关、群团组织、事业单位或者国有企业人员的，退役后可以选择复职复工。

第四十三条 各地应当设置一定数量的基层公务员职位，面向服现役满五年的高校毕业生退役军人招考。

服现役满五年的高校毕业生退役军人可以报考面向服务基层项目人员定向考录的职位，同服务基层项目人员共享公务员定向考录计划。

各地应当注重从优秀退役军人中选聘党的基层组织、社区和村专职工作人员。

军队文职人员岗位、国防教育机构岗位等，应当优先选用符合条件的退役军人。

国家鼓励退役军人参加稳边固边等边疆建设工作。

第四十四条 退役军人服现役年限计算为工龄，退役后与所在单位工作年限累计计算。

第四十五条 县级以上地方人民政府投资建设或者与社会共建的创业孵化基地和创业园区，应当优先为退役军人创业提供服务。有条件的地区可以建立退役军人创业孵化基地和创业园区，为退役军人提供经营场地、投资融资等方面的优惠服务。

第四十六条 退役军人创办小微企业，可以按照国家有关规定申请创业担保贷款，并享受贷款贴息等融资优惠政策。

退役军人从事个体经营，依法享受税收优惠政策。

第四十七条 用人单位招用退役军人符合国家规定的，依法享受税收优惠等政策。

第六章 抚恤优待

第四十八条 各级人民政府应当坚持普惠与优待叠加的原则，在保障退役军人享受普惠性政策和公共服务基础上，结合服现役期间所做贡献和各地实际情况给予优待。

对参战退役军人，应当提高优待标准。

第四十九条 国家逐步消除退役军人抚恤优待制度城乡差异、缩小地区差异，建立统筹平衡的抚恤优待量化标准体系。

第五十条 退役军人依法参加养老、医疗、工伤、失业、生育等社会保险，并享受相应待遇。

退役军人服现役年限与入伍前、退役后参加职工基本养老保险、职工基本医疗保险、失业保险的缴费年限依法合并计算。

第五十一条 退役军人符合安置住房优待条件的，实行市场购买与军地集中统建相结合，由安置地人民政府统筹规划、科学实施。

第五十二条 军队医疗机构、公立医疗机构应当为退役军人就医提供优待服务，并对参战退役军人、残疾退役军人给予优惠。

第五十三条 退役军人凭退役军人优待证等有效证件享受公共交通、文化和旅游等优待，具体办法由省级人民政府制定。

第五十四条 县级以上人民政府加强优抚医院、光荣院建设，充分利用现有医疗和养老服务资源，收治或者集中供养孤老、生活不能自理的退役军人。

各类社会福利机构应当优先接收老年退役军人和残疾退役军人。

第五十五条 国家建立退役军人帮扶援助机制，在养老、医疗、住房等方面，对生活困难的退役军人按照国家有关规定给予帮扶援助。

第五十六条 残疾退役军人依法享受抚恤。

残疾退役军人按照残疾等级享受残疾抚恤金，标准由国务院退役军人工作主管部门会同国务院财政部门综合考虑国家经济社会发展水平、消费物价水平、全国城镇单位就业人员工资水平、国家财力情况等因素确定。残疾抚恤金由县级人民政府退役军人工作主管部门发放。

第七章　褒扬激励

第五十七条　国家建立退役军人荣誉激励机制，对在社会主义现代化建设中做出突出贡献的退役军人予以表彰、奖励。退役军人服现役期间获得表彰、奖励的，退役后按照国家有关规定享受相应待遇。

第五十八条　退役军人安置地人民政府在接收退役军人时，应当举行迎接仪式。迎接仪式由安置地人民政府退役军人工作主管部门负责实施。

第五十九条　地方人民政府应当为退役军人家庭悬挂光荣牌，定期开展走访慰问活动。

第六十条　国家、地方和军队举行重大庆典活动时，应当邀请退役军人代表参加。

被邀请的退役军人参加重大庆典活动时，可以穿着退役时的制式服装，佩戴服现役期间和退役后荣获的勋章、奖章、纪念章等徽章。

第六十一条　国家注重发挥退役军人在爱国主义教育和国防教育活动中的积极作用。机关、群团组织、企业事业单位和社会组织可以邀请退役军人协助开展爱国主义教育和国防教育。县级以上人民政府教育行政部门可以邀请退役军人参加学校国防教育培训，学校可以聘请退役军人参与学生军事训练。

第六十二条　县级以上人民政府退役军人工作主管部门应当加强对退役军人先进事迹的宣传，通过制作公益广告、创作主题文艺作品等方式，弘扬爱国主义精神、革命英雄主义精神和退役军人敬业奉献精神。

第六十三条 县级以上地方人民政府负责地方志工作的机构应当将本行政区域内下列退役军人的名录和事迹，编辑录入地方志：

（一）参战退役军人；

（二）荣获二等功以上奖励的退役军人；

（三）获得省部级或者战区级以上表彰的退役军人；

（四）其他符合条件的退役军人。

第六十四条 国家统筹规划烈士纪念设施建设，通过组织开展英雄烈士祭扫纪念活动等多种形式，弘扬英雄烈士精神。退役军人工作主管部门负责烈士纪念设施的修缮、保护和管理。

国家推进军人公墓建设。符合条件的退役军人去世后，可以安葬在军人公墓。

第八章 服务管理

第六十五条 国家加强退役军人服务机构建设，建立健全退役军人服务体系。县级以上人民政府设立退役军人服务中心，乡镇、街道、农村和城市社区设立退役军人服务站点，提升退役军人服务保障能力。

第六十六条 退役军人服务中心、服务站点等退役军人服务机构应当加强与退役军人联系沟通，做好退役军人就业创业扶持、优抚帮扶、走访慰问、权益维护等服务保障工作。

第六十七条 县级以上人民政府退役军人工作主管部门应当加强退役军人思想政治教育工作，及时掌握退役军人的思想情况和工作生活状况，指导接收安置单位和其他组织做好退役军人的思想政治工作和有关保障工作。

接收安置单位和其他组织应当结合退役军人工作和生活状况，做好退役军人思想政治工作和有关保障工作。

第六十八条 县级以上人民政府退役军人工作主管部门、接收安置单位和其他组织应当加强对退役军人的保密教育和管理。

第六十九条　县级以上人民政府退役军人工作主管部门应当通过广播、电视、报刊、网络等多种渠道宣传与退役军人相关的法律法规和政策制度。

第七十条　县级以上人民政府退役军人工作主管部门应当建立健全退役军人权益保障机制，畅通诉求表达渠道，为退役军人维护其合法权益提供支持和帮助。退役军人的合法权益受到侵害，应当依法解决。公共法律服务有关机构应当依法为退役军人提供法律援助等必要的帮助。

第七十一条　县级以上人民政府退役军人工作主管部门应当依法指导、督促有关部门和单位做好退役安置、教育培训、就业创业、抚恤优待、褒扬激励、拥军优属等工作，监督检查退役军人保障相关法律法规和政策措施落实情况，推进解决退役军人保障工作中存在的问题。

第七十二条　国家实行退役军人保障工作责任制和考核评价制度。县级以上人民政府应当将退役军人保障工作完成情况，纳入对本级人民政府负责退役军人有关工作的部门及其负责人、下级人民政府及其负责人的考核评价内容。

对退役军人保障政策落实不到位、工作推进不力的地区和单位，由省级以上人民政府退役军人工作主管部门会同有关部门约谈该地区人民政府主要负责人或者该单位主要负责人。

第七十三条　退役军人工作主管部门及其工作人员履行职责，应当自觉接受社会监督。

第七十四条　对退役军人保障工作中违反本法行为的检举、控告，有关机关和部门应当依法及时处理，并将处理结果告知检举人、控告人。

第九章　法律责任

第七十五条　退役军人工作主管部门及其工作人员有下列行为之一的，由其上级主管部门责令改正，对直接负责的主管人员和其他直接责任人员依法给予处分：

（一）未按照规定确定退役军人安置待遇的；

（二）在退役军人安置工作中出具虚假文件的；

（三）为不符合条件的人员发放退役军人优待证的；

（四）挪用、截留、私分退役军人保障工作经费的；

（五）违反规定确定抚恤优待对象、标准、数额或者给予退役军人相关待遇的；

（六）在退役军人保障工作中利用职务之便为自己或者他人谋取私利的；

（七）在退役军人保障工作中失职渎职的；

（八）有其他违反法律法规行为的。

第七十六条　其他负责退役军人有关工作的部门及其工作人员违反本法有关规定的，由其上级主管部门责令改正，对直接负责的主管人员和其他直接责任人员依法给予处分。

第七十七条　违反本法规定，拒绝或者无故拖延执行退役军人安置任务的，由安置地人民政府退役军人工作主管部门责令限期改正；逾期不改正的，予以通报批评。对该单位主要负责人和直接责任人员，由有关部门依法给予处分。

第七十八条　退役军人弄虚作假骗取退役相关待遇的，由县级以上地方人民政府退役军人工作主管部门取消相关待遇，追缴非法所得，并由其所在单位或者有关部门依法给予处分。

第七十九条　退役军人违法犯罪的，由省级人民政府退役军人工作主管部门按照国家有关规定中止、降低或者取消其退役相关待遇，报国务院退役军人工作主管部门备案。

退役军人对省级人民政府退役军人工作主管部门作出的中止、降低或者取消其退役相关待遇的决定不服的，可以依法申请行政复议或者提起行政诉讼。

第八十条 违反本法规定，构成违反治安管理行为的，依法给予治安管理处罚；构成犯罪的，依法追究刑事责任。

第十章 附 则

第八十一条 中国人民武装警察部队依法退出现役的警官、警士和义务兵等人员，适用本法。

第八十二条 本法有关军官的规定适用于文职干部。

军队院校学员依法退出现役的，参照本法有关规定执行。

第八十三条 参试退役军人参照本法有关参战退役军人的规定执行。

参战退役军人、参试退役军人的范围和认定标准、认定程序，由中央军事委员会有关部门会同国务院退役军人工作主管部门等部门规定。

第八十四条 军官离职休养和军级以上职务军官退休后，按照国务院和中央军事委员会的有关规定安置管理。

本法施行前已经按照自主择业方式安置的退役军人的待遇保障，按照国务院和中央军事委员会的有关规定执行。

第八十五条 本法自2021年1月1日起施行。

中华人民共和国
退役军人保障法实用问答

1. 为什么要制定退役军人保障法?

答: 退役军人为国防和军队建设做出了重要贡献，是社会主义现代化建设的重要力量，是党和国家的宝贵财富。制定退役军人保障法，对于加强退役军人保障工作，维护退役军人合法权益，让军人成为全社会尊崇的职业，具有重要意义。(1) 制定退役军人保障法是贯彻落实习近平强军思想，推进国防和军队建设的必然要求。党的十八大以来，以习近平同志为核心的党中央对退役军人工作作出一系列重大部署。习近平总书记对做好新时代退役军人工作多次作出重要指示批示。贯彻落实习近平强军思想和习近平总书记重要指示批示，需要制定一部适应当前形势任务、服务国防和军队建设的退役军人保障法。(2) 制定退役军人保障法是贯彻落实党中央决策部署，推进退役军人工作治理体系和治理能力现代化的重要举措。近年来，国防和军队改革深入推进，退役军人政策制度改革取得了很多重要成果。制定退役军人保障法，贯彻落实党中央决策部署，将退役军人工作领域改革成果通过立法固定下来，必将不断推进退役军人工作治理体系和治理能力现代化。(3) 制定退役军人保障法是推进全面依法治国，系统构建退役军人保障制度体系的有力支撑。随着国防和军队改革的深入推进，原有规定比较分散、相互衔接不够的问题逐步显现，有的规定已不能适应新的形势任务，亟须加强制度顶层设计，对有关政策制度进行系统整合，将退役军人保障工作纳入法治化轨道。（4）制定退役军人保障法是适应党和国家机构改革，加强退役军人服务保障工作的客观需要。

2. 退役军人是指哪些人员？

答：退役军人是指从中国人民解放军依法退出现役的军官、军士、义务兵等人员。（1）军官。是被任命为排级以上职务或者初级以上专业技术职务，并被授予相应军衔的现役军人。按照军衔等级，从低到高依次为少尉、中尉、上尉、少校、中校、上校、大校、少将、中将、上将。其中，少尉、中尉、上尉称为尉官，少校、中校、上校、大校称为校官，少将、中将、上将称为将官。（2）军士。是指现在的士官。士官是从服现役期满的义务兵中选取，或者从军队院校毕业的士官学员中任命，或者直接从非军事部门具有专业技能的公民中招收，并授予相应军衔的志愿兵役制士兵。士官军衔按照军衔等级分为：高级士官（一级军士长、二级军士长、三级军士长）、中级士官（四级军士长、上士）、初级士官（中士、下士）。士官军衔中，下士为最低军衔，一级军士长为最高军衔。（3）义务兵。是指服义务兵役制的士兵。义务兵服现役的期限为二年，服现役第一年的义务兵，授予列兵军衔，服现役第二年的列兵，晋升为上等兵。

3. 做好退役军人保障工作，需要坚持哪些方针？

答：按照退役军人保障法规定，退役军人保障工作要坚持中国共产党的领导，坚持为经济社会发展服务、为国防和军队建设服务的方针。（1）坚持党对退役军人保障工作的领导。这是贯彻落实党对一切工作集中统一领导的根本要求。退役军人保障工作事关改革发展稳定大局，事关国防和军队建设，做好退役军人保障工作，必须毫不动摇地坚持党的全面领导，充分发挥党的政治优势和组织优势，凝聚形成做好退役军人保障工作的强大合力。（2）坚持为经济社会发展服务、为国防和军队建设服务的方针。强国必先强军，军强才能国安，退役军人保障工作服务经济社会发展、服务国防和军队建设，两者是相辅相成、不可分割的，统一于实现强国梦强军梦的伟大实践。军人在军队是维护国家安全的重要力量，退役后回到地方也是巩固党的执政基础、建设中国特色社会主义的重要力量，把他们的作用发挥好是党的事业发展的必然要求。

4. 做好退役军人保障工作，需要遵循哪些原则？

答：按照退役军人保障法规定，退役军人保障工作遵循以人为本、分类保障、服务优先、依法管理的原则。（1）以人为本的原则，就是以退役军人为中心，把退役军人对美好生活的向往作为工作目标，把解决他们的困难问题作为工作重点。满腔热情为退役军人服务，真心实意为他们排忧解难，实现好维护好发展好退役军人的根本利益，切实维护好他们的合法权益，让退役军人真正成为全社会尊重的人。（2）分类保障的原则，是做好退役军人保障工作的必然要求，针对不同类型退役军人实行分类保障，有利于鼓励广大官兵安心服役、建功军营，激励广大社会青年积极投身国防军队建设。分类保障，就是要依据退役军人对国防和军队建设的贡献大小，在安置、就业、优抚、荣誉激励等方面实行不同的措施。（3）服务优先的原则，是做好退役军人保障工作的重要方向。做好退役军人的保障工作，首先就要真诚关爱关心退役军人，热情帮助他们解决好实际困难，努力增强退役军人的荣誉感和归属感。（4）依法管理的原则，是推进退役军人事务领域治理体系和治理能力现代化的重要内容。坚持依法管理，要把法治建设摆在突出位置，按照法律法规政策回应退役军人诉求，促进退役军人保障工作在法治轨道上运行。

5. 确定退役军人的保障水平，需要考虑哪些因素？

答：国家高度重视退役军人保障，千方百计地提高退役安置质量和服务保障标准，不断完善与经济发展相协调、与社会进步相适应的退役军人保障方针政策。合理确定退役军人的保障水平，要把握好我国仍处于社会主义初级阶段这个基本国情、立足于社会主义初级阶段这个最大实际，统筹规划、协调推进退役军人保障工作，既要尽力而为，又要量力而行，既要及时调整提高安置和服务保障水平，也要防止脱离发展实际，确保退役军人保障政策和措施的可行性、可持续性。

6. 做好退役军人安置工作，应当坚持哪些原则？

答：退役军人保障法规定，退役军人安置工作应当公开、公平、公正。（1）公开，是指有关单位应当按照《政府信息公开条例》和有关法律规定，及时以各种方式向退役军人传达关于退役军人安置的法律法规和政策，以及退役军人的安置条件、安置结果、待遇保障等，让退役军人能够充分了解安置工作有关信息。（2）公平，是指退役军人在安置相关法律法规和政策面前一律平等，在各个工作环节严格落实“阳光安置”政策，做到合法有据，严禁未按照规定确定退役军人安置待遇等违法行为。（3）公正，是指退役军人的安置结果、享有的优惠政策等与服役期间所做贡献挂钩，服役贡献越大，安置后待遇保障越好；同时，兼顾退役军人服役的岗位经历、专长、德才条件和工作需要，做到妥善安置、合理使用、人尽其才、各得其所。

7. 退役军人的政治待遇、生活待遇主要包括哪些内容？

答：退役军人保障法规定，退役军人的政治、生活等待遇与其服现役期间所做贡献挂钩。（1）退役军人的政治待遇，是国家给予退役军人精神激励的重要内容，主要包括以下方面：一是参加党组织生活。军人退出现役后，要继续学习党的文件，接受党的教育，属于党员的，还应当按照党章规定，参加党组织活动，行使党员权利。二是其他政治待遇。如按照有关规定参加重大庆典活动时，可以着退役时的制式军装，佩带服现役期间和退役后荣获的勋章、奖章、纪念章等徽章；地方人民政府在重大节日等开展走访慰问活动；县级以上地方人民政府负责地方志工作的机构将本行政区域内符合条件的退役军人的名录和事迹，编辑录入地方志；符合条件的退役军人去世后，可以安葬在军人公墓等。（2）退役军人的生活待遇，主要是指国家根据退役军人服现役期间所做贡献给予退役军人相应的物质待遇。同时，国家还建立健全帮扶援助机制，在养老、医疗、住房等方面，及时对生活困难的退役军人给予物质上的援助，切实帮扶退役军人克服生活困境。

8. 参战退役军人依法享受哪些优待？

答：退役军人保障法规定国家建立参战特别优待机制。对参战退役军人实行特别优待，主要体现在以下措施：（1）对参战退役军人优先安置；（2）参战退役军人的随迁子女需要转学、入学的，由安置地人民政府教育行政部门优先保障；（3）各级人民政府对参战退役军人，应当提高优待标准；（4）军队医疗机构、公立医疗机构应当对参战退役军人给予优惠；（5）县级以上地方人民政府负责地方志工作的机构应当将本行政区域内参战退役军人的名录和事迹，编辑录入地方志等。军人因参战致伤病残的，退役后还享受残疾退役军人的有关优待。退役军人保障法还规定国家弘扬英雄烈士精神，符合条件的退役军人去世后，可以安葬在军人公墓等。在“普惠”退役军人的基础上，从物质和精神两个方面给予参战退役军人“特惠”。

9. 军人退役后应履行哪些义务？

答：退役军人应履行以下义务：（1）继续发扬人民军队优良传统。军人退役后仍应以身作则、严于律己，继续做人民军队优良传统的积极实践者和传播者，把人民军队的先进思想、优良作风和高尚品质融入社会生活、工作岗位中去，以身示范，成为社会楷模和岗位标兵。（2）模范遵守宪法和法律。退役军人具有过硬的政治素养和遵纪守法的意识，是国家关心和社会尊重的对象，更应知法、守法、护法，不断强化法治观念，主动维护宪法权威，自觉遵守法律规定。（3）保守军事秘密。军人退役后仍应牢固树立保密意识，牢记军人保密守则，时刻保持警惕，做好防间谍保密工作，坚决杜绝通过网络平台、通信群等方式散布、讨论涉密事项，擅自扩大知悉范围，泄露军事秘密内容。（4）践行社会主义核心价值观。广大退役军人要深入学习领会社会主义核心价值观的重点要义和内容精髓，始终以社会主义核心价值观为思想引导，以社会主义核心价值观遵循为基本行为准则，以实际行动践行社会主义核心价值观。（5）积极参加社会主义现代化建设。退役军人的社会角色和工作岗位虽有所转变，但忠诚于党、心系祖国、服务人民的信念永不能变，继续为祖国社会主义现代化建设做出更大贡献。

10. 退役军人保障工作由哪些单位负责？

答：退役军人保障法对退役军人保障工作管理体制作了规定。（1）退役军人事务部负责全国的退役军人保障工作，县级以上地方人民政府退役军人事务厅、退役军人事务局等主管部门负责本行政区域的退役军人保障工作。（2）中央和国家有关机关、中央军事委员会有关部门、地方各级有关机关应当在各自职责范围内做好退役军人保障工作。除退役军人事务部外，中央和国家机关其他有关部门还包括中央组织部、中央宣传部、中央编办、教育部、民政部、财政部、人力资源社会保障部、文化和旅游部、国家医保局等部门。中央军事委员会有关部门，包括中央军委政治工作部、后勤保障部、国防动员部等部门。（3）军队各级负责退役军人有关工作的部门与县级以上人民政府退役军人工作主管部门应当密切配合，做好退役军人保障工作。军队各级负责退役军人有关工作的部门与县级以上人民政府退役军人工作主管部门应当密切配合，做好退役军人保障工作。

11. 退役军人保障工作信息化建设包括哪些内容?

答: 目前，国务院退役军人工作主管部门牵头在以下三方面开展退役军人保障工作信息化建设：（1）以服务退役军人和其他优抚对象、服务科学管理为根本，构筑“退役军人服务＋互联网”平台，为退役军人提供生活、就业、创业、居住等全面、立体、综合化服务；构建全国退役军人综合管理平台，提高各级退役军人工作主管部门政务办公和业务执行能力；建立应用支撑平台，提高应用系统建设效率，解决互联互通问题；建设集约、高效、安全的基础运行环境，服务保障退役军人信息化建设。（2）加强退役军人数据库建设，为政府部门科学决策、精准服务提供数据支撑和参考依据。借助信息技术和大数据，提供便捷、精准服务，以信息化推进退役军人工作现代化。（3）深刻把握退役军人工作的特质特征，整合汇聚中央和国家有关机关、中央军事委员会有关部门的信息数据，实现有关部门之间信息共享。国务院退役军人工作主管部门应当与中央和国家有关机关、中央军事委员会有关部门密切配合，统筹做好信息数据系统的建设、维护、应用和信息安全管理等工作。有关部门应当加强协作，做好信息化管理工作，共同推进退役军人保障工作的现代化管理。

12. 退役军人保障工作经费主要包括哪些？如何负担?

答: 退役军人保障工作所需的经费，是保障退役军人合法权益落实到位的基础。经费主要包括以下三方面：（1）退役安置资金。主要包括：一是离退休人员经费。保障对象为军队移交地方安置的离休退休干部和无军籍退休退职职工。内容主要包括基本离退休费、生活补助、医疗费、福利费、家属遗属生活补助费等。二是服务管理机构经费。主要用于服务管理机构的人员经费、日常公用经费、离退休干部住房维修、机构开办费及机构用房保障经费等。三是退役军官安置经费。保障对象为以转业、自主择业、复员等方式妥善安置的退役军官。内容主要包括退役军官退役金及服务管理费。四是退役士兵安置经费。内容主要包括自主就业退役士兵的一次性退役金及1至4级分散供养的残疾退役士兵购（建）房经费等。上述经费按照国家有关规定执行，主要由中央财政负担。（2）教育培训资金。主要包括：一是退役军官教育培训经费。内容主要包括对退役军官进行的适应性培训、专项教育培训和专业培训等。二是退役士兵教育培训经费。内容主要包括对退役士兵进行的适应性培训、职业教育和技能培训等。上述经费按照国家有关规定执行，主要由中央财政负担。（3）抚恤优待资金。主要包括：一是优抚对象抚恤补助资金。内容主要包括为符合条件的退役军人和其他优抚对象发放的定期或一次性抚恤补助金。二是优抚对象医疗补助资金。保障对象为符合条件的残疾军人、“三属”（烈士遗属、因公牺牲军人遗属、病故军人遗属）、在乡老复员军人、带病回乡退伍军人、参战退役人员等。内容主要包括为参保参合以及享受城乡基本医疗保障制度规定待遇后个人医疗费用负担较重的人员发放的医疗补助。三是褒扬纪念和优抚事业单位补助资金。保障对象为国家级烈士纪念设施、光荣院、优抚医院、全国重点军供站等优抚事业单位。内容主要包括维修改造、设备购置更新、环境整治美化、重点专业科室建设以及陈展宣传等相关工作。上述经费按照国家有关规定执行，主要由中央财政负担。

13. 社会力量如何参与退役军人保障工作?

答：国家鼓励和引导企业、社会组织、个人等社会力量为退役军人提供支持和帮助。其中，社会组织主要包括：（1）社会团体，即公民自愿组成，为实现会员共同意愿开展活动的非营利性社会组织，主要类型有协会、研究会等。（2）基金会，即利用自然人、法人或者其他组织捐赠的财产，以从事公益事业为目的的非营利性法人。（3）社会服务机构，即企业事业单位、个人和其他社会力量利用非国有资产举办的，从事非营利性社会服务活动的社会组织，主要类型有社会工作服务机构等。企业、社会组织和个人对退役军人提供支持和帮助的方式主要有：（1）捐赠。捐赠是自愿、无偿将自己的财产赠与给他人的行为。捐赠的对象可以是为退役军人服务的社会组织，也可以是退役军人本人。（2）设立基金。企业、社会组织或者个人可以发起设立退役军人关爱基金，也可以将财产捐赠给基金会，让基金会设立专门为退役军人服务的基金项目，为适合条件的退役军人提供经济方面的资助。（3）提供志愿服务。企业、社会组织或者个人可以对退役军人开设就业、教育等方面的培训，对残疾退役军人、老年退役军人提供生活照料等方式为退役军人提供无偿的志愿服务。

14. 国家对在退役军人保障工作中做出突出贡献的单位和个人有哪些奖励措施？

答：2020 年 1 月，为了规范退役军人事务领域表彰奖励工作，进一步推动退役军人事务领域表彰奖励规范化科学化，激励广大退役军人建功新时代、激励退役军人事务系统展现新作为，中共中央组织部、人力资源和社会保障部、退役军人事务部、中央军委政治工作部等相关部门联合印发《退役军人事务工作表彰奖励办法》，明确规定退役军人事务领域表彰奖励设置三个常设项目：（1）“全国模范退役军人、全国退役军人工作模范单位及个人”，表彰周期 5 年；（2）“全国双拥模范城（县）、全国双拥模范单位和全国双拥模范个人”，表彰周期 4 年；（3）“退役军人服务保障先进单位及个人（含军休工作先进单位及个人、先进军休干部）”，表彰周期 5 年，一般在项目表彰后 2 年至 3 年实施。其中，全国模范退役军人、全国退役军人工作模范个人、全国爱国拥军模范个人、全国拥政爱民模范个人获得者，享受省部级表彰奖励获得者待遇，军队人员获奖者享受待遇，按军队有关规定执行。为凸显评选表彰面向基层和生产一线，《退役军人事务工作表彰奖励办法》还明确规定，评选表彰不评选副司局级或者相当于副司局级以上单位和干部（含军队文职人员），处级干部比例控制在20%以内。此外，《退役军人事务工作表彰奖励办法》还对退役军人事务领域表彰奖励的范围名额、表彰方式、任务分工、表彰程序、表彰监督等进行了系统规范。

15. 退役军人年度移交接收计划是指什么，由哪些单位制定？

答：有计划地组织实施退役军人的移交、接收，是我国多年来退役军人安置工作的成功经验，是规范退役军人安置工作的重要基础。制定年度全国退役军人移交接收计划，有利于充分运用政策的导向性和计划的严肃性，规范退役军人移交接收工作。以往主要是制定相应的政策法规，统一部署开展工作。为了进一步规范计划的制定工作，退役军人保障法将退役军人年度移交接收计划的制定这一做法上升为法律。根据职责分工和管理权限，全国退役军人年度移交接收计划由退役军人事务部、中央军委政治工作部及中央和国家有关机关部门共同编制、分类下达，一般分为退役军官和退役士兵移交接收计划，符合条件退役军官的随调随迁配偶子女接收计划一并下达。省（自治区、直辖市）及以下的退役军人安置计划，由省（自治区、直辖市）退役军人工作主管部门逐级编制下达。

16. 如何将退役军人移交给地方人民政府？

答：依法开展退役军人移交接收工作，是退役军人原所在部队、安置地人民政府退役军人工作主管部门的共同责任和义务。（1）退役军人安置计划下达后，退役军人原所在部队应当区分不同安置方式，及时为其办理各种手续，积极同安置地人民政府退役军人工作主管部门对接，做好人员户口、档案、保险关系等的移交工作。（2）安置地人民政府退役军人工作主管部门应当按照移交接收计划，做好相关接收工作，协助公安机关做好户口登记工作，认真审查退役军人报到材料，积极办理符合接收条件的退役军人接收手续。

17. 如何确定退役军人的安置地?

答: 退役军人安置地的确定，坚持以人为本，主要从有利于退役军人工作生活的基本原则出发，结合相关规定条件和本人意愿，合理确定。退役军人移交安置，主要分为依托本人安置、依托配偶安置和依托父母安置三种，具体适用条件由国家另行规定。退役军人一般由其原籍或入伍时所在省（区、市）负责接受安置，符合条件的也可以到其配偶随军前或者结婚时常住户口所在地或者配偶现常住户口所在地安置。对无配偶的退役军官，可以比照军队规定的配偶随军条件到部队驻地安置，符合规定条件的也可以到父母任何一方常住户口所在地安置。此外，为了树立“重牺牲奉献、重实绩贡献”的鲜明导向，国家还对夫妻双方同为军人的、立功受奖的、在艰苦边远地区和特殊岗位上服役达到一定年限等若干特殊情况的退役军官，在安置地确定上给予一定照顾，适当放宽去向条件。

18. 退役军人到地方报到，应当履行哪些手续?

答: 退役军人到安置地人民政府退役军人工作主管部门办理报到登记，是移交接收的一个重要环节。对退役军人的具体要求主要有两个方面：（1）应当在规定时间内报到。退役军人安置是一项计划性很强的工作，有明确时间要求，各项工作应当按照时间要求及时完成。军队转业和离退休干部离队后接到部队关于到安置地报到的通知后，应当按照通知要求的报到时限办理报到手续。退休士官和国家供养退役士兵，通常根据移交、接收和安置的具体情况确定报到时间。退休军官的报到程序，参照移交政府安置的军队退休干部的有关规定执行。集中移交的安排工作退役士兵应当在接收安置通知书规定的时间内，自主就业退役士兵和非集中移交的安排工作退役士兵应当自被批准退出现役之日起 30 日内办理报到登记手续。（2）应当持军队出具的退役证明到安置地人民政府退役军人工作主管部门报到。军队出具的退役证明是军人退役的重要凭证。军队转业干部，一般持师以上机关开具的行政、组织、工资、保险等相关介绍信到地方报到。退役士兵持退出现役证件、介绍信（集中移交的还应有接收安置通知书）到安置地退役军人工作主管部门办理报到登记。此外，报到时安置地人民政府退役军人工作主管部门还应查看军人退役养老保险关系转移凭证原件等材料。

19. 退役军人优待证的作用是什么，如何管理使用？

答：安置地人民政府退役军人工作主管部门在接收退役军人时，向退役军人发放退役军人优待证。优待证是退役军人彰显荣誉的载体、享受优待措施的凭证，向退役军人发放退役军人优待证，在保障退役军人享受普惠性政策和公共服务基础上，结合服现役期间所做贡献和各地实际情况，在社会保险、住房、医疗、交通、文化、帮扶援助等方面给予退役军人优待。2020 年 1 月，退役军人事务部等部门出台的《关于加强军人军属、退役军人和其他优抚对象优待工作的意见》明确提出建立优待证制度，国家坚持统筹兼顾、稳步推进的原则，充分运用信息技术手段，逐步为退役军人和“三属”统一制作办理优待证，作为享受相应优待的有效证件。退役军人优待证实行全国统一制发、统一编号。退役军人优待证的管理使用办法由国务院退役军人工作主管部门会同有关部门制定。同时，退役军人事务部负责开发全国优待证服务管理信息系统，指导全国优待证使用服务管理工作；省、市、县级退役军人工作主管部门负责本地区优待证发放和使用管理工作；各级退役军人服务中心负责相关具体工作。

20. 如何移交接收退役军人的人事档案?

答: 军人退役之前，所在部队应按照有关规定整理其档案材料。军人退役时，所在部队政治工作部门应把其档案移交给其安置地县级以上人民政府退役军人工作主管部门。安置地人民政府退役军人工作主管部门接收退役军人人事档案后，应当按照档案法等法律法规管理好退役军人档案，依法对部队组织移交的档案进行审核，并根据退役军人安置等情况，向具有人事档案管理权限的有关单位移交退役军人的人事档案。退役军人档案应当要素齐全、内容规范、真实无误、完好无损，转递手续齐备、安全保密。

21. 如何为退役军人办理户口登记?

答: 退役军人报到后，一般由安置地退役军人工作主管部门及时为其开具户口登记介绍信，公安机关根据介绍信为退役军人办理户口登记手续。入伍的高校应届毕业生以自主就业方式退出现役后 1 年内，还可参照普通高等学校应届毕业生，凭用人单位录（聘）用手续，向就读高校再次申请办理就业报到证。各地公安机关依据退出现役高校毕业生所持的《全国普通高等学校毕业生就业报到证》，为其办理从原籍到工作所在地的户口迁移手续。计划分配军转干部在落实接收单位后，可以凭退役军人工作主管部门开具的《落户通知书》，向所在地公安机关户籍部门办理落户手续。

22. 如何为退役军人办理保险关系和相应资金转移接续?

答: 军人退出现役后参加职工基本养老保险、职工基本医疗保险的，由军队后勤（保障）部门将军人退役养老保险、退役医疗保险关系和相应资金转入地方社会保险经办机构，地方社会保险经办机构办理相应的转移接续手续；军人退出现役后参加城乡居民基本养老保险、城乡居民基本医疗保险的，按照国家有关规定办理。（1）养老保险转移接续。军队各级后勤（保障）部门，负责军人退役基本养老保险补助的计算、审核、划转工作，各级人民政府人力资源和社会保障部门负责军人退役基本养老保险关系接续和补助资金接收工作。退役基本养老保险补助由军人所在单位财务部门在军人退出现役时一次算清记实，具体计算和转移接续办法按照相关政策文件的规定执行。（2）医疗保险关系转移接续。军官、文职干部、军士和城镇入伍的义务兵退出现役时，由所在单位后勤（保障）部门办理军人退役医疗保险个人账户转移手续，并及时将本人退役医疗保险个人账户资金从银行汇至接收安置地区的社会保险经办机构。接收安置地区的社会保险经办机构按照城镇职工基本医疗保险管理的有关规定，为退役军人建立（或续接）城镇职工基本医疗保险个人账户。

23. 如何为随军未就业配偶办理保险关系和相应资金转移接续?

答: 国家为随军未就业的军人配偶建立养老保险、医疗保险等，随军未就业的军人配偶参加保险，应当缴纳养老保险费和医疗保险费，国家给予相应的补助。随军未就业的军人配偶实现就业或者军人退出现役时，由军队后勤（保障）部门将其养老保险、医疗保险关系和相应资金转入地方社会保险经办机构，地方社会保险经办机构办理相应的转移接续手续。随军未就业的军人配偶达到国家规定的退休年龄时，按照国家有关规定确定退休地，由军队后勤（保障）部门将其养老保险关系和相应资金转入退休地社会保险经办机构，享受相应的基本养老保险待遇。

24. 退役军人移交接收过程中发生问题，应当如何处理?

答: 退役军人保障法对此作了专门规定，区分问题种类分别处理。(1) 与服现役有关的问题的处理。此类问题包括服役期间的职务及等级、服役年限、服役贡献、奖惩情况、伤病残情况、在艰苦边远地区或特殊岗位服役情况等方面的问题。考虑到该类问题通常发生在服现役期间，与原所在部队密切相关，为便于查明客观事实、理清问题根源并提出解决方案，法律规定该类问题由原所在部队负责处理。(2) 与安置有关问题的处理。与安置有关的问题，包括安置地的确定、安置方式的适用、退役待遇标准、随调配偶工作安排、随迁子女入学等方面的问题。退役军人的安置工作，由安置地人民政府退役军人工作主管部门负责，处理与退役军人安置有关的问题，属于安置地人民政府的法定职责。(3) 其他问题的处理。除服现役、安置有关的问题外，对于移交接收方面的其他问题，由安置地人民政府负责处理，帮助退役军人解决移交接收过程中面临的各种各样问题，推动移交接收工作顺利开展。安置地人民政府处理以上问题时，需要原所在部队协助的，原所在部队负有积极配合的法定义务，应当支持安置地人民政府解决相关问题。另外，退役军人原所在部队撤销或者转隶、合并的，由原所在部队的上级单位或者转隶、合并后的单位按照分工予以处理。

25. 做好退役军人安置工作，地方人民政府承担哪些任务?

答: 地方各级人民政府应当按照移交接收计划，做好退役军人安置工作，完成退役军人安置任务，把安置好退役军人作为关系国防和军队建设、关系地方经济社会发展的一件大事、一项特殊政治任务摆在突出位置，进一步健全完善工作落实的机制措施。通过将退役军人安置工作纳入目标管理、实行安置工作责任制和考核评价制度等方式，确保安置工作任务到人、责任到人。地方各级人民政府应当遵循分类保障的原则，坚持公开、公平、公正，妥善安置、合理使用，进一步做好退役军人安置工作。

26. 退役军人主要由哪些单位接收安置?

答: 接收安置退役军人的单位，主要包括：（1）机关。包括各级权力机关、行政机关、审判机关、检察机关等。（2）群团组织。根据中国机构编制网显示，截至2019年由中央编办管理机构编制的群众性团体组织共22个，包括全国总工会、共青团、全国妇联、中国文联、中国作协、中国科协、全国侨联、法学会、对外友协、中国记协、全国台联、贸促会、中国残联、红十字总会、外交学会、宋庆龄基金会、黄埔军校同学会、欧美同学会、思想政治工作研究会、中华职业教育社、全国工商联、计划生育协会。全国青联由于不设实体组织机构，不在中央编办“定机构、定职责、定编制”的22个群团组织内，但从性质上看，也属于群团组织的范畴。（3）企业。按照不同分类标准，可把企业作适当划分，如按照组织形式，可把企业分为个人独资企业、合伙企业、公司企业；按照法律属性，可把企业分为法人企业、非法人企业等；按照产权性质，可以把企业分为国有企业和民营企业。（4）事业单位。按照社会职能划分，包括承担行政职能、从事生产经营活动和从事公益服务三个类别的事业单位。（5）社会组织。包括由《社会团体登记管理条例》《民办非企业单位登记管理暂行条例》《基金会管理条例》等规范调整的社会团体、基金会和社会服务机构等。

27. 退役军人无故不服从安置的，承担什么后果?

答: 退役军人应当按照不同安置方式的规定，及时到安置地和有关单位报到，不得无故拒绝接受安置。退役军人拒不服从安置的，按照国家有关规定处理。例如，《退役士兵安置条例》第40条规定，符合安排工作条件的退役士兵无正当理由拒不服从安置地人民政府安排工作的，视为放弃安排工作待遇。

28. 退役军官的安置方式有哪些?

答:对退役的军官,应当按照待遇与贡献相匹配、分类保障的要求,分别设置安置方式。退役军人保障法贯彻落实国防和军队改革要求,全面规范了退役军官的安置方式,对退役的军官,国家采取退休、转业、逐月领取退役金、复员等方式妥善安置。法律主要规定了退役军官的四种主要安置方式及安置方式的主要内容,具体适用条件和待遇保障依照有关法律法规执行。

29. 以退休方式安置的军官应当符合哪些条件?

答:军官退休主要情况有:(1)担任师级以上职务,且达到服现役最高年龄,或者军龄满 30 年或者年满 50 周岁,本人申请退休的军官。(2)军龄满 30 年或者年满 50 周岁的团职以下军官。(3)未达到退休年龄,因公致残和因病经医院证明基本丧失工作能力的军官。(4)接近服现役最高年龄的师职以上军官,不宜继续服现役,且不宜转业到地方工作的。

30. 以退休方式移交人民政府安置的军官,国家如何保障他们的待遇?

答:国家对以退休方式移交人民政府安置的军官,主要给予以下待遇保障:(1)政治待遇。按照安置地有关规定执行。主要是颁发由中央军委政治工作部门统一印制的退休证,组织阅读文件和参观学习,参加重大庆典和重大政治活动,按照规定着退休时的军装和佩带军衔、勋章、立功奖章,以及军地有关方面在春节、“八一”建军节等重大节日组织慰问等。(2)生活待遇。工资按照军队统一的项目和标准执行。(3)医疗保障。实行由政府医疗机构为主负责保障的模式。退休军官比照安置地国家机关退休公务员实行医疗补助,按照规定享受相应医疗待遇。医保范围内自付医疗费较多的,由安置管理单位给予适当补助。（4）组织疗养。对服役期间或移交安置后做出突出贡献的退休军官，分层级、分批次组织疗养。

31. 以退休方式移交人民政府安置的军官，可以享受哪些社会化服务？

答：针对退役军官比较关注的养老、医疗、就餐、出行等重点难点问题，积极引入社会优质服务资源，构建退休军官服务保障新模式，健全服务保障体系，提升服务管理水平。养老服务方面，打造社会机构养老、军休社区养老、居家养老、“互联网+养老”的全方位服务格局，为退休军官尤其是失能、失智、独居、“空巢”等重点人员提供多元化优惠养老服务。医疗服务方面，鼓励地方医疗卫生机构在退休军官集中居住区域设置医疗点，退休军官到军队医院看病，享受与同职级现役军人同等水平的优先服务，进一步增强退休军官的荣誉感归属感获得感。就餐和出行方面，通过设置服务店、搭建网上服务平台等方式，依托社会优质资源为退休军官提供服务。

32. 以转业方式安置的军官需要符合哪些条件？

答：国家根据经济社会发展和国防军队现代化建设的需要，有计划、有步骤地批准符合法定条件的军官退出现役到地方，由政府安排工作。以转业方式安置的军官，一般应符合以下基本条件之一：（1）达到平时服现役最高年龄的；（2）受军队编制员额限制不能调整使用的；（3）因身体状况不能坚持军队正常工作但能够适应地方工作的；（4）其他原因需要退出现役作转业安置的。

33. 以转业方式安置的军官，如何确定其职务职级？

答：转业军官的工作安排和职务职级确定等安置工作，应当坚持为经济社会发展、为国防和军队建设服务的方针，贯彻妥善安置、合理使用、人尽其才、各得其所的原则。根据国防和军队改革要求，综合考虑实际情况和各方面意见、地方干部人事管理有关规定，结合转业军官服现役期间的贡献专长，退役军人保障法规定以转业方式安置的，由安置地人民政府根据其德才条件以及服现役期间的职务、等级、所做贡献、专长等和工作需要安排工作岗位，确定相应的职务职级。

34. 转业军官的待遇如何确定和保障?

答：军官转业安置后，由接收安置单位按照国家有关规定保障相应的待遇。（1）政治待遇。享受所在单位与其军队职务等级相应或者同等条件人员的政治待遇。（2）工资报酬。按照不低于接收安置单位与其军队同等条件的人员的标准确定。服役期间被授予荣誉称号或者荣立一等功的，可按规定适当提高级别工资档次或薪级工资。津贴、补贴、奖金以及其他生活服务待遇，按照国家有关规定执行。转业安置到国有企业的，工资报酬按照国家和所在企业的有关规定执行。（3）住房保障。主要采取购买经济适用住房、现有住房或者租住周转住房，以及修建自有住房等方式解决。

35. 对哪些退役军官以复员方式安置?

答：符合退出现役条件且本人自愿要求复员，或者刑满释放、被开除党籍等不宜安排转业又不具备退休条件的军队干部可以选择复员。自愿要求复员的军队干部，须由本人提出书面申请。书面申请装入本人档案。受审查尚未作出结论或者留党察看期未满等情形，不得安排复员。军地相关部门制定了一系列政策，明确军队复员干部的条件范围、安置去向、安置待遇等政策。以复员方式安置的军官，复员费的计算、发放由军队在其退役时按规定标准核定、发放。

36. 退役军士的安置方式有哪些?

答: 对退役的军士，国家采取逐月领取退役金、自主就业、安排工作、退休、供养等方式妥善安置。退役军人保障法根据国防和军队改革进展情况，在现行政策制度基础上，进一步完善了军士安置方式，特别是服现役满规定年限的军士，可以逐月领取退役金，这是退役军人保障法的一大制度创新。法律主要规定了退役军士的五种主要安置方式及安置方式的主要内容，具体适用条件和待遇保障依照有关法律法规执行。

37. 如何以逐月领取退役金方式安置符合条件的军官和军士?

答: 对符合条件的退役军官和军士确立逐月领取退役金安置方式，是按照国防和军队改革要求确立的一项重要制度。该安置方式与军人服役年限相挂钩，体现对军人服役贡献的褒奖。国家积极扶持以逐月领取退役金方式安置的军官和军士就业创业，鼓励他们积极就业创业，更好地在经济社会建设中发挥作用。目前，国务院、中央军委有关部门正在抓紧研究以逐月领取退役金方式安置的人员条件、工作程序、待遇保障等具体政策。

38. 自主就业方式安置的军士应当符合哪些条件，如何保障其退役待遇?

答: 服现役不满规定年限，以自主就业方式安置的退役军士，领取一次性退役金。按照目前的政策标准，服现役不满规定年限，是指服现役不满 12 年。实际中，也有符合政府安排工作条件但自愿放弃安排工作待遇、选择自主就业的退役军士。一次性退役金，是国家对公民参军服役的经济补偿，由中央财政安排专项经费按统一标准发给退役军士。一次性退役金和经济补助免征个人所得税。军士退役后，可参加由政府组织的职业教育和技能培训。同时，在考学、考公务员、就业应聘、参加社会保险和个体经营时的贷款和纳税等方面，享受相应的优待优惠。

39. 以安排工作方式安置的退役军士应当符合哪些条件，如何安排工作岗位?

答：安置地人民政府根据退役军士服役期间所做贡献、专长等安排工作岗位。根据现有安置政策，符合下列条件之一的军士，退役时以安排工作方式安置：（1）军士服现役满 12 年；（2）服现役期间平时荣获二等功以上奖励，或者战时荣获三等功以上奖励；（3）因战致残被评定为 5 级至 8 级残疾等级；（4）是烈士子女。一般情况下，退役军士由安置地县级人民政府进行安置，对安排退役军士工作任务较重的县（市），可以由上一级人民政府在本行政区域内统筹安排。安置地人民政府应当在接收退役士兵 6 个月内，完成本年度安排退役士兵工作的任务。退役士兵待安排工作期间，安置地人民政府应当按照上年度最低工资标准逐月发放生活补助。

40. 以退休方式安置的退役军士应当符合哪些条件，如何保障其退役待遇?

答：中级以上军士符合下列条件之一的，以退休方式安置：（1）年满 55 周岁；（2）服现役满 30 年；（3）因战、因公致残，被评定为 1 至 6 级残疾等级；（4）经军队医院证明和军级以上单位卫生部门审核确认因病基本丧失工作能力。根据本条规定，以退休方式安置的退役军士，由安置地人民政府按照国家保障和社会化服务相结合的方式，做好服务管理工作，保障其待遇。

41. 以供养方式安置的退役军人有哪些，应当符合什么条件?

答：被评定为 1 级至 4 级残疾等级的初级军士和义务兵退出现役

的，由国家供养终身。因战、因公致残被评定为1级至4级残疾等级的中级以上军士，本人自愿放弃退休安置的，可以选择由国家供养。国家完善政策措施，提高保障水平，确保以供养方式安置的退役军士的生活、医疗、住房等待遇得到落实。

42. 哪些退役军人由国家集中供养？

答：被评定为1级至4级残疾等级的初级军士和义务兵退出现役，符合下列条件之一的，由国家集中供养：（1）因残疾原因需要经常进行医疗处置的；（2）日常生活需要护理，不便于分散安置照顾的；（3）独身一人不便于分散安置的。集中供养的退役军士，经省级人民政府退役军人工作主管部门批准，在安置地的省、自治区、直辖市荣誉军人康复医院等优抚医院进行休养、康复和治疗，安置地没有荣誉军人康复医院的，按照有关规定由邻近的荣誉军人康复医院接收。

43. 哪些退役军人可以实行分散供养？

答：被评定为1级至4级残疾等级的初级军士和义务兵退出现役，本人自愿回家休养，实行分散供养。分散供养的退役军士和义务兵，由军队发放一次性安置补助费，并由安置地人民政府退役军人工作主管部门发放残疾抚恤金。

44. 退役义务兵的安置方式有哪些？

答：义务兵退役后，根据服役年限特点和所做贡献，国家分别采取自主就业、安排工作、供养等方式妥善安置。法律主要规定了退役义务兵的三种主要安置方式及安置方式的主要内容，具体适用条件和待遇保障依照有关法律法规执行。

45. 自主就业方式安置的义务兵应当符合哪些条件，如何保障其退役待遇?

答: 服现役满两年的士兵（含提前退出现役），由人民政府扶持自主就业的方式安置，领取一次性退役金。一次性退役金由中央财政负担，根据服役年限确定，服现役年限不满6个月的按照6个月计算，超过6个月不满1年的按照1年计算。有立功获奖的，按比例增发，荣立三等功、二等功、一等功或军级以上荣誉称号的，分别增发5%、10%、15%。多次获得荣誉称号或者立功的退役士兵，由部队按照其中最高等级奖励的增发比例，增发一次性退役金。为体现对退役义务兵的优待，在一次性退役金基础上，地方政府可以根据当地实际给予适当经济补助。一次性退役金和经济补助免征个人所得税。

46. 退役义务兵以安排工作方式安置的，应当符合哪些条件?如何安排他们的工作岗位?

答: 退役义务兵符合下列条件之一的，由人民政府安排工作：（1）服役期间平时荣获二等功以上奖励或者战时荣获三等功以上奖励的；（2）因战致残被评定为5级至8级残疾等级的；（3）是烈士子女的。符合以上规定条件的退役义务兵在艰苦地区和特殊岗位服现役的，优先安排工作；因精神障碍基本丧失工作能力的，予以妥善安置。符合政府安排工作条件的退役义务兵可选择由政府安排工作，由安置地人民政府根据其服现役期间所做贡献、专长等安排工作岗位，保障其第一次就业。符合安排工作条件的退役士兵，退役时自愿选择自主就业的，依照自主就业方式安置的有关规定办理。

47. 哪些单位负责接收安置转业军官、安排工作的军士和义务兵?

答: 转业军官、安排工作的军士和义务兵，有的服现役时间较长，有的立功受奖，有的因战、因公致残，在服役期间做出了较大的贡献和牺牲。机关、群团组织、事业单位和国有企业接收安置退役军人是一项传统性工作。明确这部分退役军人由机关、群团组织、事业单位和国有企业接收安置，能够充分体现国家对退役军人的关心关爱，维护他们的合法权益，消除现役官兵后顾之忧，凝聚军心士气，引导现役军人在部队长期服役，扎根基层，建功立业，激励广大官兵为建设强大国防做出重要贡献。

48. 哪些转业军官、安排工作的军士和义务兵应当优先安置？

答：退役军人保障法将参战退役军人，担任作战部队师、旅、团、营级单位主官的转业军官，属于烈士子女、功臣模范的退役军人，长期在艰苦边远地区或者特殊岗位服现役的退役军人列入优先安置范围。规定优先安置，主要是考虑到这几类退役军人为国防和军队建设做出了特殊的突出贡献，应当在安置环节体现出特殊的优待和尊重，彰显国防贡献越大、退役安置和服务保障越好的鲜明导向。

49. 机关、群团组织、事业单位接收安置转业军官、安排工作的军士和义务兵的，如何给予编制保障？

答：根据国家有关规定，党政机关接收军队转业干部，按照军队转业干部计划分配数的25%增加行政编制。按25%增加行政编制后有缺口的，首先用自然减员空缺出来的行政编制解决；解决后仍不够的，可专项向中央机构编制部门报告。各级党政机关在制定年度人事安排计划时，要充分考虑接收军队转业干部的情况，预留出部分职数接收军队转业干部。中央机构编制部门为接收军队转业干部给有关地方增加的行政编制，不得挪作他用。此外，对中央和国家机关京外直属机构、企业事业单位，其上级主管部门要按照有关规定及时解决所属单位接收军队转业干部所需增加的编制、职数和工资总额等问题，保证安置计划的落实。退役军人保障法对安排工作的退役军人编制保障作了刚性约束，既解决了安排工作退役军人的身份，又解决了待遇保障问题。

50. 国有企业接收安置转业军官、安排工作的军士和义务兵的，如何保障他们的权益？

答：接收安置转业军官、安排工作的军士和义务兵，是国有企业的法定义务，国有企业应当与接收安置的退役军人按照国家规定签订劳动合同，确定劳动关系，明确双方权利和义务，依法保障他们的合法权益。国有企业不得以劳务派遣等形式使用接收安置的转业军官、安排工作的军士和义务兵。按照有关规定，国有企业应当与接收安置的转业军官、安排工作的军士和义务兵签订不低于 3 年的固定期限劳动合同，对于服现役 10 年以上的，应当与其签订无固定期限劳动合同。同时，国有企业应当确保接收安置的转业军官、安排工作的军士和义务兵享受本企业同等条件人员的工资和福利待遇。

51. 有关用人单位依法裁减人员时，如何保障转业和安排工作退役军人的就业权益？

答：机关、群团组织、事业单位、国有企业对于接收安置的转业军官、安排工作的军士和义务兵，不得随意辞退、解聘或者解除劳动合同。如果机关、群团组织、事业单位在机构撤销、转隶和合并时，国有企业生产经营发生严重困难时，确须裁减人员的，应当优先留用接收安置的转业军官、安排工作的军士和义务兵。

52. 以逐月领取退役金方式安置的退役军官和军士，被录用为公务员或者聘用为事业单位工作人员后，如何确定其待遇？

答：以逐月领取退役金方式安置的退役军人自被录用为公务员或

者聘用为事业单位工作人员的下月起停发退役金，其待遇按照公务员、事业单位工作人员管理相关法律法规执行。关于公务员和事业单位工作人员的待遇，公务员法和事业单位人事管理条例作了明确规定。比如，在待遇保障上，公务员实行国家统一的工资制度，公务员工资制度贯彻按劳分配的原则，公务员按照国家规定享受福利待遇，依法参加社会保险，按照国家规定享受保险待遇，因公牺牲或者病故的，其亲属享受国家规定的抚恤和优待。事业单位实行激励与约束相结合的工资制度，享受国家规定的福利待遇，执行国家规定的工时制度和休假制度，依法参加社会保险，享受社会保险待遇。

53. 国家如何对伤病残退役军人实行指令性移交接收、收治休养制度?

答: 伤病残军人是一个特殊群体，他们大多在作战训练、战备执勤、抢险救灾、参加地方经济建设等执行急难险重任务中负伤致残，为国防和军队现代化建设、促进国家经济发展、维护社会稳定做出过特殊贡献。党中央、国务院、中央军委历来对他们都十分关心和爱护，要求采取有效措施把他们安置好照顾好。伤病残退役军人移交安置需要军队、地方有关部门、伤病残退役军人及家属合作完成。建立伤病残退役军人指令性移交安置、收治休养制度，有利于军队和地方密切合作，提高接收安置效率，更好维护伤病残退役军人合法权益。

54. 军队有关部门、安置地人民政府在安置保障伤病残退役军人方面有哪些职责?

答: 安置好伤病残退役军人，是关系改革发展稳定和国防军队建设全局的大事，军队有关部门和安置地人民政府要履行相应的职责。（1）军队各级有关部门要搞好政策宣传和教育引导工作，做好伤残等级评定和因病基本丧失工作能力医学鉴定工作，按照基本程序和时间节点及时移交伤病残退役军人。比如，军队应认真负责医治残疾士兵，并于医疗期满后，按照相关规定，完成残疾等级评定。同时，残疾士兵所在部队即着手整理档案材料、沟通本人及家属思想、测算各项待遇补助等退役交接准备工作。按照规定，对供养安置的残疾退役士兵进行集中计划移交。（2）安置地人民政府应当妥善解决伤病残退役军人的住房、医疗、康复、护理和生活困难，坚持以政策规定为依据，调动一切积极因素和社会保障资源，营造关心优待伤病残退役军人的良好氛围，支持伤病残退役军人为军队现代化建设和构建社会主义和谐社会做出新的贡献。

55. 拥军优属工作主要包括哪些内容?

答：习近平总书记强调，双拥运动是我党我军我国人民特有的优良传统和政治优势。坚如磐石的军政军民团结，永远是我们战胜一切艰难险阻、不断从胜利走向胜利的重要法宝。拥军优属工作，是双拥工作的重要组成部分，是维护国家长治久安、社会稳定、经济发展的重要工作，是随着时代发展、军队发展变化而变化的。

拥军优属在不同历史时期，有着不同的内容。在改革开放和社会主义现代化建设时期，主要内容包括：（1）广泛进行国防教育，为部队选送优秀兵员，协助军队保卫和建设国防；（2）支持军队的改革和建设，帮助军队完成作战和训练任务；（3）保护军事设施，尊重和爱护军队，协商处理好地方和军队之间的关系；（4）接收并妥善安置退役军人，做好现役军人、革命伤残军人、复员退伍军人和革命烈士家属、因公牺牲军人家属、病故军人家属的抚恤优待工作；（5）做好随军家属安置和子女入学工作，帮助解决未随军家属的住房、工作、生活等方面的困难；（6）重要节假日，组织慰问部队和烈士家属、军人家属，帮助部队及其家属解决实际困难等。

56. 退役军人的配偶和子女随调随迁，应符合哪些条件？

答： 家属随调，指符合条件的军官和军士退出现役时，其有正式工作（有行政、事业单位等编制）且符合规定条件的家属可以随同退役军人调至安置地，由安置地重新安排工作，需要提供家属档案材料等。家属随调工作中应注意：一是退役军人在原部队驻地安置则不存在随调的问题。安置地与原部队驻地不同，家属才可能需要随调；二是随调的退役军人家属应当在原地有正式工作，属于国家机关和企事业单位的正式工作人员；三是随调家属应当纳入当年的退役军人移交接收计划。

家属随迁，是指符合条件的军官和军士退出现役，确定不在部队驻地安置，其没有正式工作且符合规定条件的家属，可以随同退役军人迁移至安置地，由安置地人民政府公安机关办理落户手续。与家属随调相比，家属随迁也应满足退役军人安置地与原部队驻地不同这个条件，但家属随迁不需要家属有正式工作。

57. 如何安排退役军人随调配偶的工作？

答： 退役军人保障法第 29 条第 3 款明确了退役军人随调配偶的工作和就业的相关保障措施：一是如果退役军人随调配偶原来是在机关或者事业单位工作，并具有行政、事业等相应编制，符合公务员法等有关法律法规规定的，由安置地人民政府根据其职务等级、从事的职业等因素，安排到相应的工作单位。二是如果退役军人随调随迁配偶在其他单位工作或者无工作单位，并且符合就业条件，安置地人民政府应当提供就业指导和服务，协助其实现就业。另外，根据国务院和中央军事委员会的相关政策规定，随迁配偶从事个体经营或者创办经济实体的，安置地人民政府还应当在政策上给予扶持，并按照国家和安置地促进就业的有关规定减免税费。

58. 如何解决退役军人随迁子女的上学问题？哪些退役军人随迁子女的上学问题需要优先保障？

答：做好随迁子女转学、入学问题，有利于更好地维护退役军人合法权益、助推经济社会发展、服务国防和军队建设。退役军人保障法第29条第4款明确了退役军人随迁子女转学、入学的相关保障措施：一是退役军人的随迁子女需要转学、入学的，安置地人民政府教育行政部门应当予以及时办理。随迁子女的户口随退役军人迁移后，达到入学年龄、满足入学条件的，安置地人民政府教育行政部门应当安排其在户口所在地内（迁入地）就近入学；满足转学条件的，安置地人民政府教育行政部门应当及时帮助其确定转入学校，并办理转学手续。二是对参战退役军人，属于烈士子女、功臣模范的退役军人，长期在艰苦边远地区或者特殊岗位服现役的退役军人，以及其他符合条件的退役军人的随迁子女，安置地人民政府教育行政部门应当优先保障。

59. 退役军人教育培训体系包括哪些内容？

答：学历教育与职业技能培训并行并举，长期学习与短期参训相补充，是增强退役军人教育培训质量，提升退役军人就业创业能力，提高退役军人就业质量的有效手段。学历教育是根据国家教育部下达的招生计划录取的学生，按教育主管部门认可的教学计划实施教学，学生完成学业后，由学校颁发国家统一印制的毕业证书和学位证书的教育培训方式，主要是解决综合素质和职业发展问题。职业技能培训是指按照国家职业分类和职业技能标准进行的规范性培训的教育培训方式，主要是解决就业技能和短期工作问题。退役军人可以根据自身的不同发展阶段和对于教育培训内容的不同需求，自主选择学历教育或者职业技能培训作为提升自己素质和能力的不同方式。

退役军人教育培训工作涉及退役军人安置、学校、财政、人力资源等方方面面，需要多个部门协同配合，多措并举同向发力，因此建立相应的协调机制是必要保障。近几年，在国家统筹协调下，退役军人事务部、教育部、财政部、人力资源和社会保障部等多部门，根据中央有关文件精神，共同出台了许多促进退役军人教育培训工作的政策文件，明确了各部门的职责范围，建立了各部门之间的合作协调机制。

60. 军人退役前所在部队如何开展教育培训?

答: 终身制学习、全程学习是退役军人改善知识结构、提升就业创业能力的必要途径，具体包括技能培训、继续教育、高等学历教育等方式。一方面，退役军人的经历可划分为现役和退役，但其知识结构的提升与服役状态无关，而是随着社会进步、年龄阅历增长持续向前发展的；另一方面，军队作为特殊的武装集团，主责主业是执行军事任务、聚焦备战打仗，而军人作为这个集体中的个体，同时享有教育培训的权利，教育培训的内容有的与军队的主责主业有直接关系，有的可能关系不大。针对军人职业的特殊性，退役军人保障法第 33 条规定，军人退役前，所在部队在保证完成军事任务的前提下，可以根据部队特点和条件提供职业技能储备培训，组织参加高等教育自学考试和各类高等学校举办的高等学历继续教育，以及知识拓展、技能培训等非学历继续教育。

61. 退役军人接受学历教育时，享受哪些优惠政策?

答: 为使更多退役军人能够接受系统的高等教育，实现其知识结构和技能水平的“二次专业化”，顺利由军事专业人员转变为经济社会建设者，国家出台相关优惠政策，支持退役军人接受学历教育。根据 2019 年出台的《学生资助资金管理办法》规定：国家对应征入伍服义务兵役的高校学生，在入伍时对其在校期间缴纳的学费实行一次性补偿或获得的国家助学贷款实行代偿；应征入伍服义务兵役前正在高校就读的学生（含高校新生），服役期间按国家有关规定保留学籍或入学资格、退役后自愿复学或入学的，国家实行学费减免。对以自主就业方式退役一年以上，通过全国统一高考或高职单招考入高等学校并到校报到的入学新生，实行学费减免。

62. 高等学校招考退役军人，有哪些特别方式？

答：根据退役军人保障法第 34 条第 2 款的规定，高等学校根据国家统筹安排，可以通过单列计划、单独招生等方式招考退役军人，体现国家对退役军人的特殊优待。单列计划是指参加国家统一考试，招生计划单列。例如，《教育部关于进一步落实好退役士兵就读中等职业学校和高等学校相关政策的通知》规定，各省级教育行政部门指定的部分省属公办本科普通高校举办普通专科起点升本科教育，应采取计划单列、自愿报名、统一考试、单独录取的办法，面向本省（区、市）具有普通高职（专科）毕业学历的退役士兵招生，学生在校学习时间一般为 2 年；专科起点升本科教育招生计划在国家核定的各省（区、市）普通高校年度招生本科事业计划总规模内单列，一般不超过当年本省（区、市）具有普通高职（专科）毕业学历退役士兵人数的 30%。单独招生是指单独考试、单独招录。例如，《关于促进新时代退役军人就业创业工作的意见》规定，鼓励各地将符合高考报名条件的退役军人纳入高等职业院校单独考试招生范围。

63. 现役军人入伍前已被普通高等学校录取或者是正在普通高等学校就学的学生的，其退役后入学或者复学享受哪些保障？

答：根据退役军人保障法第 35 条的规定，现役军人入伍前已被普通高等学校录取或者是正在普通高等学校就学的学生的，其退役后入学或者复学享受以下保障：一是服现役期间保留入学资格或者学籍。现役军人入伍前已被普通高等学校录取或者是正在普通高等学校就学的学生，服役期间保留入学资格或者学籍。二是退役后两年内允许入学或者复学。允许入学，是指入伍前是保留入学资格还不具有学籍的退役军人重新入学；复学，是指入伍前已经取得学籍在学的退役军人恢复学业。三是可以按照国家有关规定转入本校其他专业学习。根据《普通高等学校学生管理规定》的规定，学生在学习期间对其他专业有兴趣和专长的，可以申请转专业。学校应当制定学生转专业的具体办法，建立公平、公正的标准和程序，健全公示制度。

64. 军人退役入学或者复学，达到报考研究生条件的，可以享受哪些优惠政策？

答：现役军人退役后，有些还有进一步提高知识水平，获得更高学历的需求。对于退役军人报考研究生，国家给予一定的优惠政策。根据《教育部办公厅关于进一步做好高校学生参军入伍工作的通知》规定，相关优惠政策包括：一是设立“退役大学生士兵”专项硕士研究生招生计划。根据实际需求，每年安排一定数量专项计划，专门面向退役大学生士兵招生。专项计划规模控制在5000人以内，在全国研究生招生总规模内单列下达，不得挪用。二是将高校在校生（含高校新生）服兵役情况纳入推免生遴选指标体系，鼓励开展推荐优秀应届本科毕业生免试攻读研究生工作的高校在制定本校推免生遴选办法时，结合本校具体情况，将在校期间服兵役情况纳入推免生遴选指标体系。在部队荣立二等功及以上的退役人员，符合研究生报名条件的可免试（指初试）攻读硕士研究生。应征入伍服义务兵役退役，在完成本科学业后3年内参加全国硕士研究生招生考试，初试总分加10分，同等条件下优先录取。退役军人报考研究生时，可以按照规定享受这些优惠待遇。

65. 国家如何保障退役军人参加职业教育、技能培训？

答：根据退役军人保障法第36条的规定，国家从以下三个方面保障退役军人参加职业教育、技能培训：一是国家依托和支持普通高等学校、职业院校（含技工院校）、专业培训机构等教育资源，为退役军人提供职业技能培训。实践中，遵循“政府主导、依托社会、个人自愿、按需培训”的原则，可以委托地方院校、成人教育机构、职业培训机构承担具体工作，可以依托军队转业干部培训中心具体实施，还可以依托现有创业基地和公共实训基地进行职业培训，着力提高退役军人就业创业能力。二是退役军人未达到法定退休年龄需要就业创业的，可以享受职业技能培训补贴等相应扶持政策。退役军人参加职业技能培训，可选择接受一次免费职业技能培训（免学杂费、免住宿费、免技能鉴定费），培训期间享受生活补助。教育培训期限一般为 2 年，最短不少于 3 个月。此外，退役军人还可以参加职业技能提升行动等其他补贴培训项目，按有关规定享受相应培训优惠。三是军人退出现役，安置地人民政府应当根据就业需求组织其免费参加职业教育、技能培训，经考试考核合格的，发给相应的学历证书、职业资格证书或者职业技能等级证书并推荐就业。

66. 退役军人工作主管部门如何对培训机构进行考核管理？

答：根据退役军人保障法第 37 条的规定，省级人民政府退役军人工作主管部门会同有关部门加强动态管理，定期对为退役军人提供职业技能培训的普通高等学校、职业院校（含技工院校）、专业培训机构的培训质量进行检查和考核，提高职业技能培训质量和水平。具体而言，管理主体是退役军人工作主管部门，由省级人民政府退役军人工作主管部门会同有关部门加强动态管理。监督管理对象包括为退役军人提供职业技能培训的普通高等院校、职业院校、技工院校、公办和民办培训机构、企业实训基地、创业孵化基地、职工培训中心、技能大师工作室等多种类型机构。在培训专业上涵盖通用技能和高新技术等多种方向。监督管理内容主要为定期对为退役军人提供职业技能培训的普通高等学校、职业院校（含技工院校）、专业培训机构的培训质量进行检查和考核。以退役士兵学员获取职业资格证书、毕业证书（培训合格证书）和就业效果为考核的主要内容。对完不成教育培训任务、达不到要求的教育培训机构，取消其退役士兵职业教育和技能培训资格。

67. 国家采取什么样的方式鼓励和支持退役军人就业创业？

答：根据退役军人保障法第 38 条的规定，国家采取政府推动、市场引导、社会支持相结合的方式，鼓励和扶持退役军人就业创业。这既体现了政府和社会对退役军人的关爱优待，又符合社会主义市场经济体制对劳动力资源配置的要求。具体而言：一是政府推动。政府在扶持退役军人就业创业方面积极发挥作用，在政策扶持、公共服务、宣传引导、组织协调等方面担负起职责。政府要广泛调动社会资源、引导市场积极吸纳，支持退役军人就业，扶持退役军人创业，同时通过督促落实促进退役军人就业创业各项优惠举措，引导退役军人自主就业创业。二是市场引导。就业创业归根结底属于市场行为，要发挥市场在资源配置中的决定性作用，根据市场需求，提高就业创业服务的针对性、实效性，引导市场积极吸纳退役军人就业创业。三是社会支持。退役军人就业创业工作是一项系统工程，是全社会的共同责任，要调动政府、市场、社会各方面力量共同推进，保障退役军人在享受普惠性就业创业扶持政策和公共服务基础上再给予特殊优待。

68. 县级以上地方人民政府如何对退役军人就业创业提供指导服务？

答：根据退役军人保障法第 39 条第 1 款的规定，各级人民政府应当加强对退役军人就业创业的指导和服务。具体而言，各级人民政府应当组织退役军人专场招聘活动，为退役军人搭建就业平台，提供政策咨询、发布就业信息、组织人才交流、开展就业创业培训、制定和落实有关优惠措施；指导教育培训机构积极与各类企业等用人单位建立密切联系，建立完善校企合作培养机制，根据就业需求和退役士兵学员特点设置课程，大力开展“订单式”教育和培训，强化就业指导。根据退役军人保障法第34条第2款的规定，作为具体工作部门，县级以上地方人民政府退役军人工作主管部门承担重要职责：一是加强对退役军人就业创业的宣传、组织、协调等工作，加大对退役军人就业的宣传力度，提高退役军人的社会认可度，会同相关部门为退役军人就业创业提供便利条件，协调公共就业人才服务机构、优质人力资源机构，建立健全人才供需信息平台等。二是多种形式推荐就业。会同有关部门采取退役军人专场招聘会等形式，拓宽退役军人就业渠道。对有就业创业需求的，及时推荐适合就业岗位、提供创业扶持；对出现下岗失业的，及时纳入再就业帮扶范围，确保广大自主就业退役军人就业有去处、创业有扶持、失业有帮扶。

69. 残疾退役军人是指哪些人员？

答：残疾退役军人是指服现役期间因战、因公、因病致残被评定残疾等级和退役后补评或者重新评定残疾等级的残疾退役军人。根据《军人抚恤优待条例》的规定，因对敌作战，抢救和保护国家财产、人民生命财产或者执行反恐怖任务和处置突发事件，执行军事演习、战备航行飞行、空降和导弹发射训练、试航试飞任务以及参加武器装备科研试验，执行外交任务或者国家派遣的对外援助、维持国际和平任务等原因导致残疾的，认定为因战致残；因在执行任务中或者在上下班途中发生意外，患职业病等原因导致残疾的，认定为因公致残；义务兵和初级士官因疾病导致残疾的，认定为因病致残。残疾的等级，根据劳动功能障碍程度和生活自理障碍程度确定，由重到轻分为1级至10级。残疾等级的具体评定标准由有关部门规定。

70. 有劳动能力和就业意愿的残疾退役军人，优先享受哪些就业优惠政策？

答：根据退役军人保障法第40条的规定，残疾退役军人有劳动能力和就业意愿的，优先享受国家规定的残疾人就业优惠政策。具体包括：一是按比例安排残疾人就业。依据残疾人保障法等相关法律法规，国家机关、社会团体、企业事业单位、民办非企业单位应当按照规定的比例安排残疾人就业，并为其选择适当的工种和岗位。“规定比例”具体是指用人单位安排残疾人就业的最低比例不得低于本单位在职职工总数的1.5%，具体比例由省、自治区、直辖市人民政府根据本地区的实际情况规定。二是稳定发展残疾人集中就业。国家对安排残疾人就业达到、超过规定比例或者集中安排残疾人就业的用人单位和从事个体经营的残疾人，依法给予税收优惠，并在生产、经营、技术、资金、物资、场地等方面给予扶持。三是多渠道扶持残疾人自主创业和灵活就业。通过对残疾人自主创业、灵活就业和为残疾人提供就业岗位的个体工商户的扶持政策，对符合条件的自主创业、灵活就业残疾人，按规定给予税费减免和社会保险补贴，帮助安排经营场所、提供启动资金支持。四是大力发展残疾人辅助性就业和多种形式就业。为辅助性就业残疾人提供工资性补贴和社会保险补贴，对辅助性就业机构设施设备、无障碍改造等给予补助。

71. 公共人力资源服务机构为退役军人提供职业介绍、创业指导服务，能否收费？

答：不能。根据退役军人保障法第41条第1款的规定，公共人力资源服务机构应当免费为退役军人提供职业介绍、创业指导等服务。同时，就业促进法和《人力资源市场暂行条例》规定，县级以上人民政府设立的公共就业和人才服务机构等公共人力资源服务机构，提供人力资源供求、市场工资指导价位、职业培训等信息发布，职业介绍、职业指导和创业开业指导，就业创业和人才政策法规咨询，对就业困难人员实施就业援助，办理就业登记、失业登记等服务，不得收费。退役士兵安置条例规定，各级人民政府举办的公共就业人才服务机构，应当免费为退役士兵提供档案管理、职业介绍和职业指导服务。根据上述规定，各级人民政府应发挥属地主体作用，引导各类公共人力资源服务机构，免费为退役军人提供职业介绍、创业指导等服务。

72. 经营性人力资源服务机构和社会组织是否要为退役军人就业创业提供免费或优惠服务?

答：根据退役军人保障法第 41 条第 2 款的规定，国家鼓励经营性人力资源服务机构和社会组织为退役军人就业创业提供免费或优惠服务。就业促进法和《人力资源市场暂行条例》规定，国家通过政府购买服务等方式支持依法设立的经营性人力资源服务机构提供公益性人力资源服务；鼓励社会各界为公益性就业服务提供捐赠、资助。县级以上人民政府退役军人工作主管部门应当鼓励利用非国有资产举办的各类人力资源服务机构为退役军人就业创业提供免费或优惠服务。鼓励人力资源服务机构搭建退役军人就业创业信息对接平台，帮助有需要的退役军人、优秀企业，精准、高效匹配退役军人人力资源。支持各地对发挥促进退役军人就业作用突出的人力资源服务机构，制定落实减免场地租金、给予奖励补贴、确定诚信服务机构、入选行业骨干企业等政策措施。倡导县级以上人民政府退役军人主管部门向社会力量购买人力资源服务，加大对退役军人就业推介、创业扶持的投入力度，充分发挥人力资源服务机构的职能优势和专业优势，为促进退役军人就业创业提供坚强的人力资源服务支撑。

73. 未能及时就业的退役军人，能否领取失业保险待遇?

答：根据退役军人保障法第 41 条第 3 款的规定，退役军人未能及时就业的，在人力资源社会保障部门办理求职登记后，可以按照规定享受失业保险待遇。失业保险是国家社会保险制度之一，用以保障公民在失业情况下依法从国家和社会获得物质帮助的权利。根据退役军人保障法、军人保险法、《退役士兵安置条例》的规定，退役军人服现役的年限视同失业保险缴费年限，即军人服役时视同参加了失业保险，其服役年限视同参加失业保险缴费年限。实践中，部分军人退役后一段时间内找不到合适工作，未能及时就业，退役军人保障法将其纳入失业保险保障范围，允许其在人力资源社会保障部门办理求职登记后，依法享受失业保险待遇，确保退役军人获得失业保障。在享受失业保险待遇的同时，失业人员也要积极主动地寻求再就业的机会，积极参与各种就业培训，不断提高自身素质，增强就业能力。

74. 机关、群团组织、事业单位和国有企业在招录或者招聘人员时，退役军人享受哪些政策保障？

答：根据退役军人保障法第42条第1款的规定，机关、群团组织、事业单位和国有企业在招录或者招聘人员时，对退役军人的年龄和学历条件可以适当放宽，同等条件下优先招录、招聘退役军人。军人职业劳动强度大、生命风险高，服役期间约束性强、贡献付出多，退役后应当受到全社会的尊重和优待。绝大多数退役军人退役后需要自主就业，而他们在部队学习掌握的多为军事专业技能，许多与地方并不通用，政府需要出台优惠政策鼓励用人单位积极吸纳退役军人就业，社会各界也应增强拥军意识，共同帮助退役军人就业，以体现对退役军人的关心优待。在我国，优先、定向招录政策一直在积极探索中。机关、群团组织、事业单位和国有企业等单位用工比较规范，社会保险各项待遇能按要求落实，有利于提升退役军人安置质量；同时，这些单位社会关注度高、示范作用大、吸引力强，带头做好退役军人接收安置工作，必将有力推动其他用人单位更好地履行接收退役军人的义务。根据中共中央组织部、人力资源和社会保障部2014年发布的《关于做好艰苦边远地区基层公务员考试录用工作的意见》的规定，退役军人报考艰苦边远地区基层公务员的，还可以享受放宽招考专业限制、不限制工作年限工作经历、合理降低开考比例、单独划定笔试合格分数线等优待措施。

75. 退役的军士和义务兵服现役的经历，视为基层工作经历吗?

答：根据退役军人保障法第42条第1款的规定，退役的军士和义务兵服现役经历视为基层工作经历。目前，国家和地方的公务员考试录用，一般都要求报考人员必须具备相应的基层工作经历。根据国家公务员局发布的中央机关及其直属机构公务员招考公告和指南等文件，基层工作经历，指的是在基层和生产一线的工作经历，即在县级以下党政机关、国有企事业单位、村（社区）组织及其他经济组织、社会组织等工作的经历；在军队团和相当于团以下单位工作的经历，退役士兵在军队服现役的经历，可视为基层工作经历。兵役法和《退役士兵安置条例》专门规定，退役士兵报考公务员、应聘事业单位职位的，在军队服现役经历视为基层工作经历。根据上述规定，军士和义务兵服现役不论在哪一级单位服役，都应当作为基层工作经历。

76. 退役军人选择复职复工，应符合哪些条件?

答：根据退役军人保障法第42条第2款的规定，退役的军士和义务兵入伍前是机关、群团组织、事业单位或者国有企业人员的，退役后可以选择复职复工。《退役士兵安置条例》规定，退役士兵入伍前是国家机关、社会团体、企业事业单位工作人员或者职工的，退出现役后可以选择复职复工，其工资、福利和其他待遇不得低于本单位同等条件人员的平均水平。机关、群团组织、事业单位和国有企业等单位用工比较规范、社会关注度高、示范作用大，要求这些单位带头做好退役军人复职复工工作，有利于推动全社会各用人单位更好地履行接收退役军人的义务。

77. 服现役满五年的高校毕业生在报考公务员时，享受哪些政策？

答：退役军人可以通过转业、安排工作等安置方式成为公务员，也可以和普通公民一样，通过参加各级各类公务员考试成为公务员。为了拓宽退役军人就业渠道，退役军人保障法第 43 条对服现役满五年的高校毕业生报考公务员加大了优待力度：一是要求各地应当设置一定数量的基层公务员职位，面向服现役满五年的高校毕业生退役军人招考。这部分职位，只有符合条件的退役军人可以报名，对退役军人实行定向考录。二是允许服现役满五年的高校毕业生退役军人报考面向服务基层项目人员定向考录的职位，同服务基层项目人员共享公务员定向考录计划。为了引导和鼓励高校毕业生到基层就业，优化公务员队伍结构，人力资源和社会保障部、国家公务员局发布《关于开展从大学生村官等服务基层项目人员中考试录用公务员工作的通知》，决定从 2010 年起开展从大学生“村官”、“大学生志愿服务西部计划”、“三支一扶”计划、“农村义务教育阶段学校教师特设岗位计划”等服务基层项目人员中定向考录公务员工作；要求各省区市每年应当拿出公务员考录计划的 10%—15%，面向大学生“村官”等服务基层项目人员定向考录。根据 2021 年度中央机关及其直属机构考试录用公务员公告，市（地）级以下中央机关直属机构（含参照公务员法管理的单位）设置 10%—15% 的计划，用于招录服务期满、考核合格的服务基层项目人员和在军队服役 5 年（含）以上的高校毕业生退役士兵。

78. 各地选聘党的基层组织、社区和村专职工作人员时是否应当注重从优秀退役军人中选聘?

答: 根据退役军人保障法第 43 条第 3 款的规定，各地应当注重从优秀退役军人中选聘党的基层组织、社区和村专职工作人员。退役军人因其特殊的服役经历，执行力强、作风过硬，具有奉献社会的意愿，是经济社会建设的重要人力资源，更是加强基层建设的重要人才保障。目前，各地正在进行积极地实践探索，比如，江苏等地开展的“退役士兵村官培养工程”、贵州安顺探索的在优秀退役军人中选拔“兵支书”到基层一线等做法。《关于促进新时代退役军人就业创业工作的意见》要求，各级党政机关在组织开展选调生工作时，注意选调有服役经历的优秀大学生，鼓励退役军人到党的基层组织、城乡社区担任专职工作人员。各地应当按照对党忠诚、勇于担当、公道正派、锐意创新的标准，选拔政治素质好、业务能力强、群众威信高的优秀退役军人充实到党的基层组织、村居“两委”和退役军人服务中心（站），切实加强基层特别是乡村振兴骨干队伍建设。

79. 退役军人在报考军队文职人员岗位、国防教育机构岗位等时，享受什么政策?

答: 根据退役军人保障法第 43 条的规定，军队文职人员岗位、国防教育机构岗位等，应当优先选用符合条件的退役军人。军队非现役文职岗位、国防教育机构、革命纪念馆、革命烈士陵园等承担与国防和军队建设相关职能的岗位，适合退役军人发挥职业和专业优势，应当优先选用退役军人。根据《中国人民解放军文职人员条例》的规定，军队文职人员，是指在军民通用、非直接参与作战且社会化保障不宜承担的军队编制岗位从事管理工作和专业技术工作的非现役人员，是军队人员的组成部分。文职人员岗位，分为管理岗位和专业技术岗位两种类别。军队实行面向社会公开招考、直接引进和现役军人转改相结合的文职人员招录聘用制度。现役军人转改文职人员，适用于选拔符合退役条件且拟作退役安置的现役军人。现役军人转改文职人员，应当履行退役安置程序，由国家退役军人安置工作主管部门会同中央军事委员会有关部门组织实施。国防教育机构岗位，一般来说，可以是承担国防教育工作机构的岗位，也可以是烈士陵园、革命遗址和其他具有国防教育功能的博物馆、纪念馆等国防教育基地的相关岗位。

80. 国家对退役军人参加稳边固边等边疆建设工作，有哪些鼓励措施？

答：为了鼓励退役军人发挥自身优势，加强边疆经济社会建设，促进国家长治久安，退役军人保障法规定，国家鼓励退役军人参加稳边固边等边疆建设工作。近年来，一些边疆地区的基层机关公务员队伍短缺、结构不合理等问题突出。为了加强基层公务员队伍建设，为艰苦边远地区经济社会发展提供坚强的人才保证，中组部、人力资源和社会保障部发布《关于做好艰苦边远地区基层公务员考试录用工作的意见》，要求适当降低上述地区基层公务员的进入门槛，推动工作力量向基层一线和艰苦边远地区倾斜；要求在西藏和四川、云南、甘肃、青海四省藏区以及新疆南疆地区县乡可以进一步采取单设职位招考、设置一定数量职位面向当地县乡事业编制人员和退役士官、士兵招考，必要时可不设开考比例。《关于促进新时代退役军人就业创业工作的意见》要求，各地特别是边疆地区、深度贫困地区结合实施乡村振兴、脱贫攻坚等战略，设置一定数量基层公务员职位面向退役军人招考，注重选派退役军人参与社会治理、稳边固边、脱贫攻坚等重点工作；西藏和四川、云南、甘肃、青海四省藏区以及新疆南疆地区县乡逐步扩大招考数量。

81. 退役军人的工龄如何计算?

答：根据退役军人保障法第44条的规定，退役军人服现役年限计算为工龄，退役后与所在单位工作年限累计计算。工龄是指劳动者以工资收入为生活的全部或主要来源的工作时间。机关、团体、企事业单位在确定职工的工资、生活、福利待遇时，往往以其工龄作为标准，因此，工龄计算对保障退役军人的合法权益具有重要意义。该条规定是对用人单位所附加的一种义务，要求所有机关、团体、企业事业单位等在计算工龄时，要将退役军人的服役期限计算为工龄，与其在所在单位的工作年限累计计算。这是退役军人回到地方安置的一项长期坚持的原则。退役军人保障法的上述规定吸收了兵役法、《退役士兵安置条例》有关工龄计算的立法精神，这样规定，主要是为今后退役军人社保接续、享受地方养老保险等所作出的规定。

82. 创业孵化基地或创业园区为退役军人创业提供哪些服务?

答：根据退役军人保障法第45条的规定，创业孵化基地和创业园区，应当优先为退役军人创业提供服务或者为其提供经营场地、投资融资等方面的优惠服务。近年来，国家先后出台一系列鼓励创业创新的政策文件，要求加快创业孵化基地或者创业园区等建设，通过整合部门资源，发挥孵化基地资源集聚和辐射引领作用，为创业者提供指导服务和政策扶持；加大创业担保贷款贴息等政策落实力度，完善担保机制，注重对创业失败者的指导服务，帮助他们重树信心，再次实现就业创业；各地可根据创业孵化基地入驻实体数量和孵化效果，给予一定奖补；加大退役军人培训力度，依托院校、职业培训机构、创业培训中心等机构，开展创业意识教育、创业素质培养、创业项目指导、开业指导、企业经营管理等培训；引导退役军人向科技服务业等新业态转移；推动退役军人创业平台不断完善，支持退役军人参加创新创业大会和比赛。另外，根据退役军人保障法的要求，县级以上地方人民政府投资建设或者与社会共建的创业孵化基地和创业园区，在开展上述创业服务工作时，应当优先为退役军人创业提供支持；并鼓励有条件的地区可以通过利用老旧商业设施、仓储设施、闲置楼宇、过剩商业地产等专门建立退役军人创业孵化基地和创业园区，并按规定为退役军人创业落实经营场地、水电减免、投资融资、人力资源、宣传推广等优惠服务。

83. 退役军人创业可享受哪些优惠政策?

答：根据退役军人保障法第46条的规定，退役军人创办小微企业或者从事个体经营，主要享受以下优惠政策：（1）创办小微企业申请创业担保贷款，享受贷款贴息等融资优惠。创业担保贷款是以具备规定条件的创业者个人或小微企业为借款人，由创业担保贷款担保基金提供担保，由经办此项贷款的银行业金融机构发放，由财政部门给予贴息，用于支持个人创业或小微企业扩大就业的贷款业务。国家设立普惠金融发展专项资金，用于支持普惠金融发展的专项转移支付资金，支持政策包括创业担保贷款贴息及奖补。（2）从事个体经营依法享受税收优惠。自主就业退役士兵从事个体经营的，自办理个体工商户登记当月起，在3年（36个月）内按每户每年12000元为限额依次扣减其当年实际应缴纳的增值税、城市维护建设税、教育费附加、地方教育附加和个人所得税。限额标准最高可上浮20%，各省、自治区、直辖市人民政府可根据本地区实际情况在此幅度内确定具体限额标准。

84. 用人单位招用退役军人符合国家规定的，享受哪些政策优惠?

答：用人单位招用退役军人符合国家规定的，可以享受以下优惠：（1）税收优惠。为安置自主择业的军队转业干部就业而新开办的企业，安置自主择业的军队转业干部占企业总人数60%（含60%）以上的，自领取税务登记证之日起，3年内免征营业税（营改增后提供应税服务的免征增值税）。企业招用自主就业退役士兵，与其签订1年以上期限劳动合同并依法缴纳社会保险费的，自签订劳动合同并缴纳社会保险当月起，在3年内按实际招用人数予以定额依次扣减增值税、城市维护建设税、教育费附加、地方教育附加和企业所得税优惠。定额标准为每人每年6000元，最高可上浮50%。（2）融资优惠。小微企业当年新招用退役军人等符合创业担保贷款申请条件的人数达到企业现有在职职工人数20%（超过100人的企业达到10%），并与其签订1年以上劳动合同的，可以按照规定申请财政贴息支持。（3）补贴或奖励。山东省《关于设立专项基金开展退役军人创业扶持和困难帮扶的实施意见（试行）》和《广东省促进退役军人就业创业的若干政策措施》等对此有规定。（4）荣誉等方面的鼓励。《关于促进新时代退役军人就业创业工作的意见》规定，对退役军人就业做出突出贡献的企业，给予表彰、奖励。

85. 退役军人享受抚恤优待的原则是什么？

答：根据退役军人保障法第48条的规定，退役军人享受抚恤优待实行普惠与优待叠加原则，在保障退役军人享受普惠性政策和公共服务基础上，结合服现役期间所做贡献和各地实际情况给予优待。退役军人作为普通公民，依法享受国家向人民群众普遍提供的公共服务。退役军人因其退役身份属性，依法在享受公共服务的基础上，可叠加享受国家对退役军人提供的普惠优待政策。在退役军人优待政策中，有的是针对所有退役军人提供的普遍优待，有的是针对作出特殊贡献的退役军人进一步提供的特殊优待。例如，《关于加强军人军属、退役军人和其他优抚对象优待工作的意见》明确了调整定期抚恤补助标准时适当向贡献大的优抚对象倾斜，本地区医疗优待定点服务机构，为残疾军人、“三属”、现役军人家属、复员军人、参战参试退役军人、带病回乡退伍军人，提供普通门诊挂号、取药、缴费、检查、住院优先优惠服务等。此外，退役军人保障法第 48 条还规定对参战退役军人提高优待标准。有关部门和地方应当在实践中结合优待措施类型和实际情况等因素具体确定，确保该规定得到切实有效的执行，凸显对参战退役军人的高标准优待。

86. 如何解决退役军人抚恤优待的城乡、地区差异?

答: 由于城乡、地区间经济发展水平客观上存在差异，各地政府规定的补助对象和补助标准不同，退役军人抚恤优待也相应存在城乡差异和地区差异。党和国家高度重视解决相关差异问题，要求推进优抚保障政策城乡统筹，逐步调整基于城乡差别的现行政策规定，新出台法规政策要按照城乡统筹衔接的原则确定待遇及标准；要求合理确定抚恤优待对象范围，逐步消除抚恤优待制度城乡差异。近年来，中央财政连续提高部分退役军人抚恤补助标准，保障他们的生活水平与经济社会发展水平相适应，确保全面建成小康社会的奋斗成果惠及他们。

优抚工作既要不断前进，也要考虑国情。各地区之间发展水平不同，地区差异短时期内难以完全消除，退役军人保障法规定要逐步缩小地区差异。下一步，国家将统筹考虑经济社会发展情况，参考统计部门发布的相关指标，逐步构建贡献与待遇相匹配，与国家和军队建设改革相协调，与国民经济发展和对象需求相适应，能够体现贡献、公平规范、统筹平衡、动态完善的抚恤优待量化标准体系。

87. 军人退役可参加哪些社会保险?

答: 退役军人依法参加养老、医疗、工伤、失业、生育等社会保险，并享受相应待遇。（1）基本养老保险，主要包括机关事业单位养老保险、职工基本养老保险和城乡居民基本养老保险。职工应当参加基本养老保险；无雇工的个体工商户、未在用人单位参加基本养老保险的非全日制从业人员以及其他灵活就业人员可以参加基本养老保险。年满16周岁（不含在校生），非国家机关和事业单位工作人员及不属于职工基本养老保险制度覆盖范围的城乡居民，可以在户籍地参加城乡居民养老保险。（2）基本医疗保险，包括职工基本医疗保险和城乡居民基本医疗保险。职工应当参加职工基本医疗保险；无雇工的个体工商户、未在用人单位参加职工基本医疗保险的非全日制从业人员以及其他灵活就业人员可以参加职工基本医疗保险。城乡居民基本医疗保险制度覆盖除职工基本医疗保险应参保人员以外的其他所有城乡居民。农民工和灵活就业人员依法参加职工基本医疗保险，有困难的可按照当地规定参加城乡居民医保。（3）失业保险。城镇企业事业单位职工应当参加失业保险，由用人单位和职工按照国家规定共同缴纳失业保险费。（4）工伤保险。职工应当参加工伤保险。职工因工作原因受到事故伤害或者患职业病，且经工伤认定的，按照社会保险法等法律法规规定享受工伤保险待遇。（5）生育保险。职工应当参加生育保险，职工未就业配偶按照国家规定享受生育医疗费用待遇；生育保险待遇包括生育医疗费用和生育津贴。

不同类型的社会保险，参加主体、缴费方式和享受待遇的条件也不同，退役军人根据法律法规等规定，参加上述社会保险并享受相关待遇。

88. 退役军人服现役年限与哪些社会保险缴费年限可以合并计算?

答：根据退役军人保障法的规定，退役军人服现役年限与入伍前、退役后参加职工基本养老保险、职工基本医疗保险、失业保险的缴费年限依法合并计算。

按照社会保险法规定，参加职工基本养老保险、职工基本医疗保险和失业保险的，要享受相应的保险待遇，均需要满足一定的缴费年限。缴费年限的长短直接关系参保人的经济利益。规定退役军人服现役年限与入伍前、退役后参加职工基本养老保险、职工基本医疗保险、失业保险的缴费年限依法依规合并计算，最大限度保证了退役军人能够享受安置地与其同工龄人员相应的社会保险待遇，也体现对他们为国奉献的褒扬。

军人因战、因公死亡，以及因战、因公、因病致残的，依法给付军人死亡保险金、残疾保险金。已经评定残疾等级的因战、因公致残的军人退出现役参加工作后旧伤复发的，依法享受相应的工伤待遇。工伤保险、生育保险相关待遇标准与缴费年限没有必然关系，军人退役后参加工伤保险、生育保险，不涉及相关缴费年限的合并计算问题，符合相关条件的，依法享受相关工伤保险、生育保险待遇。

89. 对退役军人实行怎样的安置住房优待?

答: 退役军人保障法在总结我国长期以来对退役军人安置住房优待制度和实践经验的基础上，结合新形势下的需要，规定了市场购买与军地集中统建相结合的方式，同时强调由安置地人民政府统筹规划、科学实施。退役军人享受安置住房优待，需要符合一定条件。为满足退役军人合理居住需求、保障其合理住房权益，国家对达到一定服役年限、职务职级和服役表现的退役军人，采取分级分类保障的办法，提供相应安置住房优待。退役军人享受安置住房优待的具体条件，由军地有关部门研究明确。

90. 医疗机构为退役军人提供哪些优待?

答: 退役军人保障法规定，军队医疗机构、公立医疗机构应当为退役军人就医提供优待服务，并对参战退役军人、残疾退役军人给予优惠。(1) 为退役军人就医提供优待服务。《关于加强军人军属、退役军人和其他优抚对象优待工作的意见》规定，各地按照保证质量、方便就医的原则，明确本地区医疗优待定点服务机构，为残疾军人，烈属、因公牺牲军人遗属、病故军人遗属，现役军人家属、老复员军人、参战参试退役军人、带病回乡退伍军人开通优先窗口，提供普通门诊优先挂号、取药、缴费、检查、住院服务。各级各类地方医疗机构优先为伤病残、老龄优抚对象提供家庭医生签约和健康教育、慢性病管理等基本公共卫生服务。（2）对参战退役军人、残疾退役军人给予优惠。主要是在就医费用方面采取的减免等措施。《关于加强军人军属、退役军人和其他优抚对象优待工作的意见》规定，组织优抚医院为残疾军人、“三属”、现役军人家属、老复员军人、参战参试退役军人、带病回乡退役军人优惠体检，提供免收普通门诊挂号费等服务。

91. 退役军人是否只有凭优待证才能享受公共交通、文化旅游等优待？

答：不是。优待证是持有人享受各项退役军人优待措施的证明。优待证制度的实施，体现了国家对退役军人的关怀，有利于保障退役军人便捷、有效地享受各种优先优惠。《关于加强军人军属、退役军人和其他优抚对象优待工作的意见》提出，建立优待证制度，国家坚持统筹兼顾、稳步推进的原则，充分运用信息技术手段，逐步为退役军人统一制作颁发优待证，作为享受相应优待的有效证件。因此，除优待证外，退役军人也可通过出示退伍证、转业证、军官退休证、文职干部退休证、退休士官证等能够证明其退役军人身份的有效证件，残疾退役军人还可出示残疾军人证，作为享受各项优待措施的证明。

92. 国家如何保障孤老、生活不能自理的退役军人？

答：退役军人保障法规定，县级以上人民政府加强优抚医院、光荣院建设，充分利用现有医疗和养老服务资源，收治或者集中供养孤老、生活不能自理的退役军人。主要措施包括：（1）加强优抚医院、光荣院建设。优抚医院、光荣院在退役军人医疗、养老等方面承担着重要保障职能。《军人抚恤优待条例》规定，国家兴办优抚医院、光荣院，治疗或者集中供养孤老和生活不能自理的抚恤优待对象。《关于加强军人军属、退役军人和其他优抚对象优待工作的意见》规定，国家兴办的光荣院、优抚医院，对鳏寡孤独的退役军人实行集中供养；对常年患病卧床、生活不能自理的优抚对象优先提供服务并按规定减免相关费用。我国一直高度重视优抚医院和光荣院的建设，不断加强政策保障力度。例如，《优抚医院管理办法》规定，国家兴办优抚医院，所需经费列入各级政府财政预算；优抚医院建设与发展应当纳入当地经济和社会发展总体规划和卫生事业发展规划，建设水平应当与当地经济和社会发展相适应。《光荣院管理办法》规定，国家兴办光荣院，所需经费列入同级地方政府预算。光荣院的建设服务水平应当与当地经济和社会发展相适应，满足集中供养和服务需求。（2）充分利用现有医疗和养老服务资源。国务院有关部门对此作了一些规定，例如，2014年《优抚对象住房优待办法》规定，符合供养条件的优抚对象，应当优先安排到当地光荣院、福利院等机构集中供养。除上述规定外，县级以上人民政府还可充分利用本地区医疗优待定点服务机构等，为孤老、生活不能自理退役军人提供收治优待；充分发挥公办养老机构和公建民营养老机构的兜底保障作用，为符合条件的退役军人提供供养、护理服务；等等。

93. 生活困难的退役军人在享受社会救助待遇后，还可以享受帮扶援助待遇吗？

答：可以。加强困难退役军人帮扶援助工作，是新形势下做好退役军人服务保障的重要内容，对服务军地改革发展、促进社会和谐稳定、体现社会优待具有重要意义。对此，退役军人保障法规定，国家建立退役军人帮扶援助机制，在养老、医疗、住房等方面，对生活困难的退役军人按照国家有关规定给予帮扶援助。

按照普惠与优待叠加的原则，退役军人在享受社会救助等保障措施之后，仍然存在困难的，可以申请帮扶援助。社会救助制度是保障困难群众基本生活的兜底性制度，具体包括最低生活保障、特困人员供养、受灾人员救助、医疗救助、教育救助、住房救助、就业救助、临时救助等内容。2014 年国务院《社会救助暂行办法》对我国公民享受上述各类社会救助待遇的条件、方式、程序等作了明确规定。符合社会救助条件的退役军人可以享受社会救助待遇，同时，可以按规定申请帮扶援助。《关于加强军人军属、退役军人和其他优抚对象优待工作的意见》规定，对因生活发生重大变故遇到突发性、临时性特殊困难的优抚对象，在享受社会保障待遇后仍有困难的，按照规定给予必要的帮扶援助。《关于加强困难退役军人帮扶援助工作的意见》从导致退役军人生活困难的情形出发，规定因五种情形导致生活陷入困境的退役军人，可根据困难程度和现实表现，申请帮扶援助。此外，自 2019 年 1 月开始，陕西、河北、山东、广东等地陆续设立退役军人关爱基金、困难帮扶基金，构建社会力量关爱退役军人体系，重点对享受普惠性救助政策后仍然生活困难的退役军人进行临时性、应急性救助。

94. 国家如何保障残疾退役军人享受抚恤待遇？

答：党和国家十分重视对残疾退役军人的抚恤，在有关法律法规和部门规章中对抚恤残疾军人及其待遇作了规定，有针对性地制定了相关政策文件，使残疾退役军人享受抚恤的权利得到了有力保障。退役军人保障法规定，残疾退役军人依法享受抚恤，残疾退役军人按照残疾等级享受残疾抚恤金。（1）相关规定：①宪法第 45 条第 2 款规定，国家和社会保障残废军人的生活。②国防法第 65 条规定，国家和社会抚恤优待残废军人，对残废军人的生活和医疗依法给予特别保障。因战、因公致残或者致病的残疾军人退出现役后，县级以上人民政府应当及时接收安置，并保障其生活不低于当地的平均生活水平。③残疾人保障法第12条规定，国家和社会对残废军人实行特别保障，给予抚恤和优待。④《军人抚恤优待条例》第26条规定，退出现役的残疾军人，按照残疾等级享受残疾抚恤金。⑤《伤残抚恤管理办法》对享受伤残抚恤的退役军人的范围、补办评定残疾等级、残疾军人证和档案管理、伤残抚恤关系转移、抚恤金发放等作了具体规定。（2）残疾等级评定：办理残疾等级评定是残疾退役军人享受抚恤金待遇的前提。《军人抚恤优待条例》第22条第1款规定，残疾的等级，根据劳动功能障碍程度和生活自理障碍程度确定，由重到轻分为1级至10级。第23条第2款规定，因战、因公致残，残疾等级被评定为1级至10级的，享受抚恤；因病致残，残疾等级被评定为1级至6级的，享受抚恤。由于特殊原因，因战、因公致残的退役军人在服役期间未能及时评定等级的，依据《军人抚恤优待条例》《伤残抚恤管理办法》的规定，上述退役军人可以退出现役后或者医疗终结满3年后，补办残疾等级评定。对已经评定残疾等级的退役军人，因原致残部位残疾情况变化与原评定的残疾等级明显不符的，也有权申请调整残疾等级。

此外，为保证抚恤金发放的有效接续，《伤残抚恤管理办法》规定，残疾军人退役或者向政府移交，必须自军队办理了退役手续或者移交手续后60日内，向户籍迁入地的县级人民政府退役军人工作主管部门申请转入抚恤关系；其当年的抚恤金由部队或者迁出地的退役军人工作主管部门负责发给，从下一年起由迁入地退役军人工作主管部门按当地标准发给。

95. 如何确定残疾退役军人的抚恤金标准？

答：退役军人保障法规定，残疾退役军人的抚恤金标准由国务院退役军人工作主管部门会同国务院财政部门综合考虑国家经济社会发展水平、消费物价水平、全国城镇单位就业人员工资水平、国家财力情况等因素确定。根据上述规定，一是抚恤金标准明确由国务院退役军人工作主管部门会同国务院财政部门确定，国务院其他部门、地方人民政府及其有关部门无权确定抚恤金标准。二是退役军人事务部和财政部不能随意确定抚恤金标准，需要在综合考虑各项因素的基础上科学予以确定，用于标准确定的因素主要包括：（1）国家经济社会发展水平；（2）消费物价水平；（3）全国城镇单位就业人员工资水平；（4）国家财力情况。三是确定的抚恤金标准并非固定不变，而是应随着上述因素的变动适时予以调整。据统计，从改革开放以来，我国共计 27 次提高残疾军人残疾抚恤金标准。例如，2020 年退役军人事务部、财政部发出通知，从 2020 年 8 月 1 日起，将残疾军人的残疾抚恤金标准在现行基础上提高 10%，调整后，一级因战、因公、因病残疾军人抚恤金标准为每人每年 96970 元、93910 元、90830 元，分别比 2019 年提高了 8820 元、8540 元、8260 元。

96. 为什么国家要建立荣誉激励机制？

答：加强对退役军人的物质保障和褒扬激励是做好退役军人工作的一体两面。对退役军人进行精神激励、慰问，不仅能够增强退役军人的荣誉感和获得感，充分调动退役军人继续为社会主义现代化建设贡献力量的积极性，也能在社会上营造出崇军、拥军、爱军的良好氛围，真正使军人成为全社会尊崇的职业。广大退役军人继续保持和发扬人民军队光荣传统和优良作风，在党和人民最需要的地方建功立业，在各自岗位作出骄人业绩，涌现出了张富清等优秀退役军人代表，赢得了全社会的广泛赞誉，为广大退役军人树立了标杆。2019 年 7 月在全国退役军人工作会议上，张富清等 401 名同志被表彰为“全国模范退役军人”。2020 年 1 月，《退役军人事务工作表彰奖励办法》将“全国模范退役军人”作为常设项目之一，并明确表彰周期为5年，同时，对表彰奖励的范围名额、表彰方式、任务分工、表彰程序、表彰监督等进行了系统规范。《关于加强军人军属、退役军人和其他优抚对象优待工作的意见》提出，要着眼建立健全优抚对象荣誉体系，进一步强化精神褒扬和荣誉激励。在上述规定基础上，退役军人保障法规定，国家建立退役军人荣誉激励机制，对在社会主义现代化建设中做出突出贡献的退役军人予以表彰、奖励。目的就是进一步强化对退役军人进行荣誉激励的保障，以法律条文的形式将荣誉激励制度固定下来，并加强各相关部门的统筹协调，共同做好退役军人荣誉激励工作。

97. 退役军人服现役期间获得表彰、奖励的，享受哪些待遇？

答：立功受奖是军人荣誉体系的重要组成部分，是评判广大军人政治思想、军事素质、日常表现、个人能力等综合素质的重要指标，主要包括嘉奖、三等功、二等功、一等功和荣誉称号五种类型，并对平时和战时予以区分。近年来，我国一直在加大对退役军人的优抚工作力度，保障获得表彰和奖励的军人在退役后享受相应待遇是重要工作内容之一，这对于有效提升军人军属的荣誉感，激发广大军人创先争优的积极性和主动性等具有十分重要的作用。目前，党和国家有关文件对退役后如何享受相应待遇作了规定。在此基础上，退役军人保障法规定，退役军人服现役期间获得表彰、奖励的，退役后按照国家有关规定享受相应待遇。国家有关规定中的待遇主要包括退役安置、增发退役金、载入地方志等待遇。

98. 为什么退役军人安置地人民政府要为退役军人举行迎接仪式？

答：宪法第55条规定，保卫祖国、抵抗侵略是中华人民共和国每一个公民的神圣职责。依照法律服兵役和参加民兵组织是中华人民共和国公民的光荣义务。多年来，为入伍新兵举行欢送仪式，在仪式上向光荣应征入伍的新兵表示祝贺，向积极支持国防建设的新兵家长们表示敬意等已成为我国各地的通行做法。入伍光荣，退役同样光荣。军人退出现役时面临着身份的转换并不断地适应新的身份，举行迎接仪式，是军人身份转变的一种过渡仪式。常态化的过渡仪式，是对身份转换、角色转变的公开确认，能更好地帮助军人适应新的身份。把举办迎接仪式写入法律，既是对退役军人过往奉献的肯定，也是将优待举措落到实处的一种督促，更能凸显“一日当兵、一生光荣”的浓厚氛围。

安置地是退役军人离开部队，重新开始社会生活和参加工作的地方。实践证明，在安置地为退役军人举行迎接仪式，能够使退役军人感受到当地人民的热情，能够增强退役军人的荣誉感、归属感、幸福感，有利于退役军人继续保持军人本色，更加积极地投身当地建设，为地方经济社会发展做出贡献。2020 年 1 月，《关于加强军人军属、退役军人和其他优抚对象优待工作的意见》在荣誉激励方面对此提出明确要求，即要为入伍、退役的军人举行迎送仪式。退役军人保障法也明确规定，退役军人安置地人民政府在接收退役军人时，应当举行迎接仪式。

99. 地方人民政府如何为退役军人家庭悬挂光荣牌和开展走访慰问?

答: 光荣牌是褒扬烈属、军属和退役军人等家庭为国家、国防和人民牺牲奉献的荣誉载体和象征。悬挂光荣牌是落实中央决策部署，推进军人荣誉体系建设的重要举措。2018 年 7 月，国务院办公厅印发《为烈属、军属和退役军人等家庭悬挂光荣牌工作实施办法》，规定了光荣牌悬挂范围、名称、材质、规格、落款等，明确了工作原则、落实主体、工作要求等。2020 年 7 月，《光荣牌悬挂服务管理工作规定

(试行)》对职责分工作了进一步明确，第 6 条规定，退役军人事务部统一设计和规范光荣牌的样式、监督光荣牌制作，指导督促全国光荣牌悬挂和服务管理工作；省级人民政府退役军人工作主管部门负责本省份光荣牌的统一制作，指导督促悬挂和服务管理工作；地（市）级人民政府退役军人工作主管部门负责本行政区域内光荣牌悬挂和服务管理工作的指导、监督；县级人民政府退役军人工作主管部门会同当地人民武装部门组织落实本行政区域内光荣牌的具体悬挂和服务管理工作；退役军人服务中心（站）承担光荣牌悬挂和服务管理具体事务性工作。据统计，截至 2020 年底，全国已为包括退役军人家庭在内的 4000 万余户对象家庭悬挂了光荣牌，社会反响良好。

走访慰问在弘扬拥军优属优良传统、增强军人军属荣誉感、自豪感方面发挥了重要作用。为进一步做好对退役军人的走访慰问工作，《为烈属、军属和退役军人等家庭悬挂光荣牌工作实施办法》第 13 条规定，各地区应视情开展送年画春联、走访慰问等活动。《关于加强军人军属、退役军人和其他优抚对象优待工作的意见》提出，为优抚对象家庭发春节慰问信。《拥军优属走访慰问工作暂行办法》对组织走访慰问活动的主体、经费来源和使用等作了规定。各地应发挥自身的能动性和创造性，尽力而为、量力而行，做好对退役军人的走访慰问工作，以形成多种优待活动与荣誉激励相结合的工作新模式，提高悬挂光荣牌和优待工作的整体效能，推进军人荣誉体系建设。

100. 退役军人参加国家、地方和军队举行的重大庆典活动，可以享受哪些荣誉待遇？

答：根据退役军人保障法的规定，退役军人参加重大庆典活动，享受两方面的荣誉待遇：一是受邀请参与的权利，即国家、地方和军队举行重大庆典活动时，应当邀请退役军人代表参加。明确规定国家、地方和军队应当邀请退役军人代表参加重大庆典活动，体现了党和国家对退役军人地位的重视、所做贡献的肯定，也是对退役军人的褒扬和激励。通过邀请退役军人代表参加重大庆典活动，有利于进一步加强退役军人对党和国家的政治认同感，增强民族自豪感和自尊心，弘扬爱国主义精神。二是着装待遇。军装是军人自豪感、荣誉感的外在表现，是军旅生涯和军人情感的特殊寄托。明确规定被邀请的退役军人参加重大庆典活动时，可以穿着退役时的制式服装，佩戴服现役期间和退役后荣获的勋章、奖章、纪念章等徽章，是提高军人社会地位和政治待遇的一项重要内容，有利于激发退役军人缅怀传统、珍惜荣誉、增强自尊自信，继续发扬部队的光荣传统，也有利于在全社会营造尊崇军人的浓厚氛围。

101. 国家在鼓励和保障退役军人参加国防教育方面有哪些具体措施?

答: 根据退役军人保障法的规定，国家注重发挥退役军人在爱国主义教育和国防教育活动中的积极作用。经过人民军队“大熔炉”淬炼的广大退役军人，政治坚定、意志坚强、吃苦耐劳、作风优良，是加强全民爱国主义教育和国防教育不可或缺的重要力量，充分鼓励、引导广大退役军人参与爱国主义教育和国防教育是全民国防教育的题中应有之义。具体措施主要包括：一是机关、群团组织、企业事业单位和社会组织可以邀请退役军人协助开展爱国主义教育和国防教育。二是县级以上人民政府教育行政部门可以邀请退役军人参加学校国防教育培训，学校国防教育是指小学、初级中学、高级中学、高等学校以及其他教育机构对学生（学员）所进行的国防教育。三是学校可以聘请退役军人参与学生军事训练。此外，根据国防教育法的相关规定，城市居民委员会、农村村民委员会也可以聘请退役军人协助开展国防教育。

102. 如何加强对退役军人先进事迹的宣传?

答: 选树和宣传典型，是我们党政治工作的优良传统、宣传工作的重要手段，也是新时代思想政治工作的重要抓手。《关于加强军人军属、退役军人和其他优抚对象优待工作的意见》提出，大力宣扬优秀优抚对象先进事迹，引导退役军人保持发扬人民军队的优良传统和作风，积极为改革发展和社会稳定做贡献。县级以上人民政府退役军人工作主管部门应当切实履行宣传退役军人先进事迹的职责，精心组织、深入挖掘退役军人爱国爱党、爱岗敬业、无私奉献等具有先进性、典型性和代表性的事迹。在宣传典型时，要灵活运用多种形式开展立体化宣传，在充分发挥报刊、电视、广播等传统媒体作用的基础上，广泛采用微博、微信、短视频平台等新兴媒体，还可以通过报告会、座谈会、演讲、征文以及文艺创作、文艺汇演等群众喜闻乐见的形式，讲好退役军人先进典型的故事，大力宣传他们的先进事迹，引导广大退役军人更好地继承弘扬人民军队优良传统，激发建功新时代的奋斗精神，强化示范引导、弘扬主旋律、激发团结奋进的强大力量，在全社会营造关心关爱退役军人的浓厚氛围。

103. 哪些退役军人的名录和事迹可以编辑录入地方志?

答:《关于加强军人军属、退役军人和其他优抚对象优待工作的意见》规定，将服现役期间荣获二等功以上奖励的现役军人、退役军人名录载入地方志。退役军人保障法第63条在此基础上，进一步将参战退役军人、获得省部级或者战区级以上表彰的退役军人列入地方志的载入范围。同时，考虑到实践发展的需要，赋予地方一定的主动权，增加了“其他符合条件的退役军人”这一兜底条款，地方可根据实际情况确定符合条件的标准和范围，更有利于工作的开展。

104. 国家在推进军人公墓建设方面，有哪些举措？

答：军人公墓是指用于安葬符合条件的已故现役军人和退役军人骨灰或者遗体的公共服务设施。推进军人公墓建设，是构建军人荣誉激励机制的重要组成部分，是健全退役军人服务保障体系的重要内容，有利于褒扬彰显军人为党、国家和人民牺牲奉献的精神风范和价值导向，有利于弘扬良好社会风尚、培育和践行社会主义核心价值观，有利于激发实现中华民族伟大复兴中国梦的强大精神力量。

规划建设军人公墓是一个全新课题，必须按照国家统一规划、属地建设管理原则，稳步推进军人公墓建设。退役军人事务部成立以来，抓紧启动军人公墓规划建设研究论证工作，多次召集军地有关部门座谈，开展多次实地调研，广泛听取军地专家学者和退役军人意见建议，研究国外相关经验做法。目前，正在会同军地相关部门按照国家统一要求，加强顶层设计，研究推进军人公墓规划、建设、管理的相关政策，统筹推进军人公墓项目。军人公墓建设标准、规划方案、入葬条件、管理方式等配套政策法规也会陆续出台。

105. 我国退役军人服务体系的建设情况如何？

答：贯彻落实中央有关文件精神，退役军人事务部积极推进退役军人服务体系建设。（1）设立服务机构。县级以上各级政府建立退役军人服务中心，为公益一类事业单位，由同级退役军人工作主管部门管理，指导下级退役军人服务中心（站）业务。乡镇（街道）、村（社区）建立退役军人服务站。（2）明确工作职责。退役军人服务中心（站）主要承担全面做好就业创业扶持、优抚帮扶帮困、走访慰问、权益维护保障等退役军人事务领域服务性、保障性、事务性、延伸性工作。（3）确定编制人员。在退役军人服务中心和乡镇（街道）退役军人服务站，核定事业编制人员规模，确保人员力量配备满足服务保障工作需求。在村（社区）退役军人服务站，指定专人负责服务站工作，在此基础上，可通过政府购买服务、志愿服务等方式充实服务力量，提升服务质量。（4）保障场所和经费。乡镇（街道）级以上退役军人服务中心（站）要有专门的办公场所、专项工作经费、必要的办公设备等。各级服务中心（站）经费应纳入本级财政预算，做好经费保障，合理满足乡镇（街道）级以上退役军人服务中心（站）正常履职需要。

106. 退役军人服务中心、站点等退役军人服务机构有哪些具体职责？

答：退役军人服务中心（站）主要承担全面做好就业创业扶持、优抚帮扶、走访慰问、权益维护等服务保障工作。（1）就业创业扶持。主要包括：围绕退役军人就业创业需求，提供就业创业服务和政策咨询；协调落实就业创业优惠政策；加强与相关机构合作交流，提供就业创业指导和帮扶、项目推荐，承办退役军人和随军家属招聘会、推介会、就业创业论坛；协助开展职业教育和技能培训；利用就业创业信息化平台，搜集和发布用工需求，分析就业创业形势，为退役军人提供精准帮扶等。（2）优抚帮扶。主要包括：配合搭建困难退役军人军属帮扶援助平台，掌握生活存在特殊困难的退役军人基本情况，多渠道筹措资金，针对性做好帮扶援助工作。（3）走访慰问。走访慰问是各级退役军人服务中心（站）常态化开展的工作，主要是做好送立功喜报、悬挂光荣牌，以及针对退役军人出现重大变故等情况，开展走访慰问工作等具体事务性工作。（4）权益维护。主要包括：协助做好退役军人来访接待、来信办理、网上信访和电话信访，相关部门交办的信访事项；协助做好政策解答、困难帮扶、权益咨询、心理疏导、法律服务等工作。（5）其他服务工作。协助做好退役军人行政关系、组织关系、供给关系转接和档案移交，推动将退役军人流动党员纳入党的基层组织，开展退役军人党员摸排登记等工作，配合做好教育管理服务。

107. 县级以上人民政府退役军人工作主管部门、接收安置单位和其他组织，如何做好退役军人思想政治工作和有关保障工作？

答：退役军人工作主管部门应当在思想政治教育工作中发挥综合协调作用，建立健全党委统一领导、军地相关部门密切配合的工作机制，协同推进退役军人思想政治工作。一方面，退役军人工作主管部门要通过定期走访慰问、主动联络沟通、组织座谈交流等方式，组织开展党的基本理论和路线、方针、政策，人民军队性质宗旨和优良传统，法制纪律和道德规范等方面的教育宣传。另一方面，退役军人工作主管部门应当定期了解本区域内退役军人的思想动态和工作生活状况，及时向接收安置单位和其他组织转达退役军人的相关意见建议，并从思想政治工作的宗旨目的、基本内容、形式方法等方面给予必要的指导。

退役军人所在单位党组织、居住地村（社区）基层党组织和各级退役军人服务机构，严格按照“属地管理、分级负责”和“谁主管、谁负责”原则，落实属地责任、部门责任、单位责任和领导责任，做好深入细致的思想政治工作。

此外，应当充分调动其他组织和社会力量的积极性、主动性，共同参与到退役军人思想政治工作中来。比如，鼓励行业协会商会、慈善组织、社会工作服务机构等社会组织通过帮助退役军人就业创业等方式关心关爱退役军人；组织各类新闻媒体，加大对优秀退役军人典型事迹的宣传力度；邀请优秀退役军人到学校、社区作专题报告等。

108. 如何做好退役军人的保密教育和管理工作？

答：现役军人的保密教育和管理职责任务在部队，而退出现役后，保密教育和管理的主体将随人事管理关系而转移。根据退役军人保障法有关退役安置的规定，以转业方式安置的军官和以安排工作方式安置的军士，接收安置的单位一般由所在单位的办公室或者专职的保密部门，负责退役军人的保密教育和管理；以退休方式移交安置的军官，一般由军休所的专门机构负责退役军人的保密教育和管理；而以其他方式安置的退役军人，尤其是自主就业、自主择业方式安置的退役军人，主要是利用开展职业教育和技能培训的机会进行保密教育，在其进入社会前加强其安全保密意识和安全保密技能。同时，在退役军人就业后，其党组织关系所在单位要继续履行好保密教育和管理的职责。

根据退役军人的特点，对退役军人的保密教育和管理，主要应当做到以下三个方面：一是紧抓保密意识教育，强化保密法律法规教育培训，让退役军人知晓保密的具体要求和违反有关规定可能造成的严重后果。二是紧抓脱密期管理，退役军人在脱密期内，本人情况发生重大变化的，或者遭遇利诱、胁迫、渗透和策反的，按照要求，要向负责脱密期管理的单位及时报告。三是紧抓保密常识教育，要养成保守秘密的良好习惯，在任何场合都避免与他人谈论涉及国家和军事秘密的相关话题。

109. 县级以上人民政府退役军人工作主管部门应如何开展与退役军人相关的法律法规和政策制度宣传工作？

答：对退役军人相关法律法规、政策制度的宣传，有关工作主管部门应当调动主观能动性，充分考虑退役军人群体年龄跨度大，信息获取方式多样等特点，在坚守广播、电视、报刊等传统宣传阵地的同时，积极开拓自媒体、短视频等网络宣传渠道，开展形式多样各有侧重的系统性宣传。

具体而言，全国性的法律法规、政策制度出台后，各级退役军人工作主管部门应当积极联系当地的广播电视、报刊媒体，对有关政策文件的出台背景和条文内容进行报道，召开座谈会集中解读宣传。各地配套出台的实施办法和细则，则可以通过印发宣传册、业务流程图等方式，下发到基层退役军人服务中心和服务站点，方便前来办理业务的退役军人取用、阅读，提高相关业务办理的效率和便捷性。同时，各级退役军人工作主管部门应当通过开设公众号、微博等方式，抢占网络宣传阵地，通过漫画、短视频等形式，将相关条款规定以浅显易懂的形式表现，方便广大退役军人理解、掌握。

此外，由于部分政策文件涉及国家和军队秘密，在开展宣传工作时，要注意遵守保密纪律，控制知晓的人员范围。如果因涉密或其他原因依法不宜公开的，各级退役军人工作主管部门要积极做好解释工作，同时采用符合规定的方式落实执行好有关的政策制度。

110. 如何建立健全退役军人权益保障机制？

答：《深化党和国家机构改革方案》中明确提到，为维护军人军属合法权益，加强退役军人服务保障体系建设，建立健全集中统一、职责清晰的退役军人管理保障体制。作为广大退役军人服务管理、待遇保障的主管单位，县级以上退役军人工作主管部门，除做好职责范围内的保障工作外，应当加强与同级财政、教育、卫生、民政等部门的沟通协调，将退役军人保障法规定的有关教育培训、就业创业、抚恤优待等方面的优惠政策落实到位，加快构建退役军人权益维护的保障线、尊重线、激励线、兜底线、法治线。

各级退役军人工作主管部门要紧密围绕新时代“枫桥经验”推广应用，发挥政治和制度优势，强化部门联动、军地协同，通过开设投诉热线、投诉窗口等方式，确保退役军人的诉求表达渠道通畅，确保相关诉求及时受理和反馈。同时，积极代表退役军人与其他部门沟通诉求事项，促进矛盾就地化解、服务精准规范，构建退役军人事务领域基层权益保障的新格局。

111. 退役军人的合法权益受到侵害时，应当如何解决？

答：退役军人的合法权益受法律的保护，当合法权益受到侵害，应当遵守法律法规的有关规定，通过合法的渠道依法解决。对此，应当从内容和渠道两方面来理解。一方面，退役军人维护的，应当是合法权益。退役军人表达的诉求，应当是法律法规或者政策制度明确规定的。没有规范依据或者超出规定的不合理诉求，不属于退役军人保障法所指的合法权益。同时，表达的有关诉求是否能够得到满足，有关部门也应当严格按照相关法律法规或者政策制度作出处理，不得损害退役军人依法应当享有的权益。另一方面，退役军人维权应当选择合法的渠道，遵守相关的程序性规定。如果退役军人选择信访方式反映诉求的，也应当遵守《信访条例》及有关规定的要求，依法理性进行信访，严守国家法律政策底线，切不可存在以闹获利的心态，打着退役军人维权旗号参与非法集访、散布反动言论或者错误虚假消息，甚至与境外势力勾连，肆意践踏党纪国法、破坏社会稳定，使有理变无理、合法变违法。

112. 公共法律服务有关机构可以为退役军人提供哪些帮助？

答：《关于加快推进公共法律服务体系建设的意见》中明确指出，要保障特殊群体的基本公共法律服务权益。其中，军人军属、退役军人及其他优抚对象应当作为公共法律服务的重点对象。

根据《司法部关于推进公共法律服务平台建设的意见》的有关规定，作为公共法律服务的重点对象，公共法律服务平台除受理和审批退役军人的法律援助申请，指派法律援助人员承办法律援助案件外，还可以向退役军人提供法律咨询、专业调解，公证、司法鉴定等法律服务。

113. 退役军人工作主管部门如何督促指导相关部门开展退役军人保障相关工作？

答：退役军人工作主管部门应当发挥牵头作用，指导、督促有关部门准确把握法律法规、政策制度的要求，在各自职责范围内推进涉及退役军人的有关工作。同时，对于接收安置退役军人的单位，退役军人工作主管部门要加强沟通联系，及时向其宣传最新的安置政策，协助提高安置的效率和质量，定期了解退役军人的工作情况，督促接收安置单位持续地重视和完善退役军人安置工作。

各级退役军人工作主管部门，除制定相关政策性文件外，还应加强对法律法规和政策措施落实情况的监督检查，确保相关政策措施真正惠及广大退役军人。对于发现的问题和情况，应当及时向有关部门或上级退役军人工作主管部门反映。必要时，可以向社会公开监督检查的有关情况。至于监督检查的方式方法，各级退役军人工作主管部门可以通过走访调研、实地抽检、接受举报等方式获取线索，采用“四不两直”（即不发通知、不打招呼、不听汇报、不用陪同接待、直奔基层、直插现场）等方式监督检查，真正地将监督检查的有关职责落到实处。

114. 县级以上人民政府如何做好退役军人保障工作的考核评价?

答: 退役军人保障工作考核评价制度，是指上级政府对下级政府及其负责人，本级政府对有关部门及其负责人，通过评议、考核等方式，监督其落实所承担的退役军人保障工作职责的制度。考核评价分为上级对下级和本级内部两种情况，退役军人保障法明确规定把退役军人保障工作完成情况纳入县级以上人民政府对本级政府的相关部门和负责人、对下级政府和负责人的考核评价内容。

实施考核评价的主体包括：一是上级人民政府，考核评价的对象是下一级人民政府；二是本级人民政府，考核评价的对象则是承担退役军人保障工作的各个部门，包括但不限于退役军人工作主管部门，还包括相关部门。考核评价的内容，则是各级政府和有关部门履行退役军人保障责任，维护退役军人合法权益的落实情况等。考核评价的方式，可以采取现场考核、外部评议、问卷调查等多种形式，并将考核结果分为优秀、良好、合格、不合格等多个等次，作为各级政府和有关部门及其负责人综合考核评价的重要内容。

当前，各级政府建立了包括党建、意识形态、生态环保、平安建设等多种项目的综合考核评价体系，退役军人工作是一项政治性、政策性极高的工作，关系到社会经济建设和改革发展稳定大局，关系到深化国防和军队改革成效，必须把退役军人工作作为政府综合考核评价体系的重要项目突出出来，赋予适当权重、分值，不能把退役军人工作降格为其他项目的考评指标。

115. 对退役军人保障政策落实不到位、工作推进不力的地区和单位，如何进行监督?

答: 对退役军人保障政策落实不到位、工作推进不力的地区和单位，退役军人保障法规定可以采取约谈的方式进行监督。约谈，是指上级行政机关监督下级行政机关是否依法行使职权的一项监督制度，既是行政层级监督的重要表现形式，也是落实工作责任制的重要保障措施。约谈，是具有法律效力的行政层级监督行为，相当于上级对下级提出的警示或者告诫，甚至是直接提出要求。被约谈的人民政府和有关部门应当立即采取措施，纠正错误做法，对退役军人保障工作作出整改，必要时还应将整改工作情况书面汇报上级退役军人工作主管部门及有关部门。值得注意的是，如果约谈后，被约谈的政府和有关部门仍未作出整改，或者整改不到位的，上级退役军人工作主管部门可以按照考核评价制度的有关规定，对相关单位及其主要负责人给出负面评价，直接影响相关单位和个人的综合考核评价成绩。

116. 退役军人工作主管部门及其工作人员，如何接受社会监督?

答: 接受社会监督的行为，应当是退役军人工作主管部门及其工作人员履行职责时的行为。具体来说，主要包括以下方面：一是在制定相关制度措施时，要自觉接受社会监督。起草过程中，要遵守法定程序和要求；出台后，要及时做好宣传。二是在开展服务管理等工作时，要自觉接受社会监督。在办理档案接收、数据采集、信访接待、退役金核定发放等业务时，要严格遵守相应的法律法规和工作流程。三是服务管理工作的处理结果，要自觉接受社会监督。如退役军人对优抚待遇的发放标准等有质疑的，相关单位部门及其工作人员要依法开展复核复查。

开展社会监督的方式，必须是合法合规的。广大退役军人及其家属作为公民，依法享有宪法赋予的监督权利。但是监督权的行使，必须是依法合规的，必须通过法定的渠道，比如拨打举报热线、申请行政复议、提起行政诉讼等。如果采用不合法方式，如非法集会、越级上访、围堵政府机关等，妨碍正常的行政管理秩序，不仅不会受到法律的保护，严重的还会构成违法犯罪，同时也将给退役军人这一群体的荣誉和形象带来负面影响。此外，社会监督不是无中生有、搬弄是非，主张必须合法合理，要有真凭实据，不得捏造或者歪曲事实进行诬告陷害，如果存在污蔑伪造等违法行为的，也要依法承担法律责任。

117. 对退役军人保障工作中违法行为的检举和控告，有关机关和部门应当如何处理？

答：退役军人保障法第74条规定，对退役军人保障工作中违法行为的检举、控告，有关机关和部门应当依法及时处理，并将处理结果告知检举人、控告人。根据宪法、刑事诉讼法、监察法以及《纪检监察机关处理检举控告工作规则》《人民检察院控告申诉检察工作细则（试行）》等有关规定，我国依法负责接收、处理公民检举控告的机关和部门主要包括纪检监察机关、检察机关、公安机关、政府信访部门等。负责接收、处理检举控告的机关和部门，在收到检举、控告后，应当及时处理，并将处理结果告知检举人、控告人，不能敷衍塞责，不能将检举、控告材料转给被检举人或被控告人。对于不属于本机关或部门职责的检举控告，应该及时将材料移交有权查处的机关或部门处理，并将移交情况告知检举人和控告人。

为了保证检举控告制度科学有效运行，应遵循以下原则：一是实事求是原则。任何人不得捏造或者歪曲事实进行诬告陷害。二是依法行使原则。检举控告人应依法行使监督权，自觉维护社会公共秩序和信访秩序，不得损害国家社会等公共利益，不得损害其他公民的合法权益。三是不得打击报复原则。检举、控告是宪法赋予公民的基本权利，对于公民的控告或者检举，任何人不得压制和打击报复。四是及时公开原则。对于公民的检举控告，有关机关、部门必须查清事实，认真处理，并及时将处理结果反馈检举人和控告人，同时依法向被检举、控告人反馈核查处理结论。

118. 对退役军人工作主管部门及其工作人员的违法行为，应当如何处理?

答：退役军人工作主管部门及其工作人员应当依法履职，如果有违法行为，就应当承担相应的法律责任。退役军人工作主管部门及其工作人员的违法行为主要包括八种情形：一是未按照法律规定确定退役军人安置待遇的。二是在退役军人安置工作中出具虚假文件的。退役军人的退役安置、移交接收、教育培训、就业创业、优待抚恤等工作的开展都需要退役军人工作主管部门出具相关身份证明等文件。退役军人工作主管部门应当实事求是，如实出具证明文件。三是为不符合条件的人员发放退役军人优待证的。退役军人优待证是退役军人荣誉的象征，退役军人凭优待证可以享受公共交通、文化旅游等优待，但并不是所有的退役军人都可以领取退役军人优待证。如果退役军人违法犯罪，按照国家有关规定不能领取优待证，退役军人工作主管部门及其工作人员不得违反规定为其发放退役军人优待证。四是挪用、截留、私分退役军人保障工作经费的。五是违反规定确定抚恤优待对象、标准、数额或者给予退役军人相关待遇的。六是在退役军人保障工作中利用职务之便为自己或者他人谋取私利的。七是在退役军人保障工作中失职渎职的。八是有其他违反法律法规行为的。退役军人工作主管部门有上述八种违法行为的，由上级主管部门责令改正，退役军人工作主管部门工作人员违反退役军人保障法的，依法予以处分。

119. 除退役军人工作主管部门外，对其他负责退役军人工作主管部门及其工作人员的违法行为，应当如何处理?

答: 退役军人保障工作是一项综合性工作，需要中央和国家有关机关、中央军事委员会有关部门、地方各级有关机关通力合作、密切配合。退役军人保障法第 7 条第 2 款、第 3 款规定，中央和国家有关机关、中央军事委员会有关部门、地方各级有关机关应当在各自职责范围内做好退役军人保障工作。军队各级负责退役军人有关工作的部门与县级以上人民政府退役军人工作主管部门应当密切配合，做好退役军人保障工作。其他负责退役军人有关工作的部门就是指上述部门。

其他负责退役军人有关工作的部门及其工作人员，应当恪尽职守，依法履行退役军人保障职责。关于这些部门的具体职责，退役军人保障法在相关条款作了相应规定。例如，第 17 条规定，安置地人民政府公安机关应当按照国家有关规定，及时为退役军人办理户口登记。第 18 条规定，退役军人原所在部队应当按照有关法律法规规定，及时将退役军人及随军未就业配偶的养老、医疗等社会保险关系和相应资金，转入安置地社会保险经办机构。此外，其他有关条款对负责退役军人工作的部门在退役军人移交接收、退役安置、教育培训、优待抚恤等方面的职责作出了较为具体的规定，有关部门及其工作人员违反退役军人保障法规定的，由其上级主管部门责令改正，对直接负责的主管人员和其他直接责任人员依法给予处分。如果有关军事机关或者现役军人违反法律规定，应当依照《中国人民解放军纪律条令（试行）》等军事法规的规定执行。

120. 对拒绝或者无故拖延执行退役军人安置任务的，应当如何处理?

答: 党和国家历来高度重视退役军人安置工作，尤其是军队转业干部安置工作，对安置工作领导责任制提出一系列要求。各级党委、政府和军队各级组织要把做好安置工作列入重要议事日程，加强组织领导，周密安排部署，确保各项工作落实，要进一步强化政令军令号令意识，健全领导责任制，作为考核领导班子、领导干部政绩的重要内容和评选双拥模范城（县）的重要条件。国家明确要求，严肃安置工作纪律，各地区各部门和各接收单位要认真落实国家下达的安置计划，严格执行中央各项安置政策。各地制定的安置工作政策性文件和规定，相关内容必须符合中央政策，不得在中央政策之外另设接收条件、提高安置门槛，坚决清理和纠正不符合中央政策的各种规定。对在安置工作中违规违纪的，要及时进行批评教育或处分，严重违反政策规定以及构成犯罪的要依纪依法严肃处理。

为了进一步做好安置工作，提高安置质量，退役军人保障法对接收安置单位作了硬性规定，限定接收安置单位的范围，转业军官、安排工作的军士和义务兵，由机关、人民团体、事业单位和国有企业接收安置。机关、人民团体、事业单位和国有企业应当严格落实法律规定，认真执行退役军人安置任务。如果违反法律规定，拒绝或者无故拖延执行退役军人安置任务的，由安置地人民政府退役军人工作主管部门责令限期改正；逾期不改正的，予以通报批评。对该单位主要负责人和直接责任人员，由有关部门依法给予处分。

121. 退役军人弄虚作假骗取退役相关待遇的，应当如何处理?

答: 退役军人弄虚作假骗取相关待遇的，必须依法承担法律责任。现行法律法规从不同角度对退役军人弄虚作假骗取待遇的处罚作了规定。例如，军人保险法规定，以欺诈、伪造证明材料等手段骗取军人保险待遇的，由相关机关和社会保险行政部门责令限期退回，并依法给予处分。《军人抚恤优待条例》规定，抚恤优待对象冒领抚恤金、优待金、补助金的，虚报病情骗取医药费的，出具假证明、伪造证件、印章骗取抚恤金、优待金、补助金的，由有关部门给予警告，限期退回非法所得；情节严重的，停止其享受的抚恤、优待；构成犯罪的，依法追究刑事责任。《退役士兵安置条例》规定，退役士兵弄虚作假骗取安置待遇的，由相关部门取消相关安置待遇。

在此基础上，退役军人保障法明确规定，退役军人弄虚作假骗取退役相关待遇的，由县级以上地方人民政府退役军人工作主管部门取消相关待遇，追缴非法所得，并由其所在单位或者有关部门依法给予处分。如果弄虚作假行为同时违反其他法律法规，应依法追究法律责任。

122. 退役军人违法犯罪的，如何处理其退役相关待遇?

答: 退役军人保障法第 79 条第 1 款明确规定，退役军人违法犯罪的，由省级人民政府退役军人工作主管部门按照国家有关规定中止、降低或者取消其退役相关待遇，报国务院退役军人工作主管部门备案。这是对退役军人违法犯罪后相关待遇处理的原则性规定，主要目的是为国防和军队改革、退役军人保障相关配套政策法规提供基本的法律依据。有关部门不能直接引用本条对特定退役军人进行处罚。退役军人违法犯罪行为对应减损哪些待遇，需要依据“国家有关规定”执行。

将违法犯罪行为与待遇相联系的做法，不管是现役军人还是退役军人，或者其他群体，政策法规都有相应规定，不乏先例。例如，《中国人民解放军纪律条令（试行)》第 219 条规定，对被除名的义务兵，取消其军衔，原有职务自然撤销，不得享受国家对退出现役军人的优待。第220条规定，对被开除军籍的人员，取消其军衔和在服役期间获得的军队奖励、表彰，原有职务、级别自然撤销，不得享受国家对退出现役军人的优待。国务院办公厅印发的《为烈属、军属和退役军人等家庭悬挂光荣牌工作实施办法》规定，悬挂光荣牌对象及其家庭成员依法被判处刑事处罚或被公安机关处以治安管理处罚且产生恶劣影响的，现役军人被除名、开除军籍的，取消其家庭悬挂光荣牌资格，已悬挂的由县级人民政府退役军人工作主管部门负责收回。党和国家有关部门也出台了相应的规定，对离退休的公务员、事业单位工作人员违法犯罪后相关待遇处理作出了规定。

123. 退役军人对退役相关待遇处理的决定不服的，如何救济？

答：退役军人对省级人民政府退役军人工作主管部门作出的中止、降低或者取消其退役相关待遇的决定不服的，可以依法申请行政复议或者提起行政诉讼。行政复议，是指公民、法人或者其他组织认为行政主体的具体行政行为违法或不当侵犯其合法权益，依法向主管行政机关提出复查该具体行政行为的申请，行政复议机关依照法定程序对被申请的具体行政行为进行合法性、适当性审查，并作出行政复议决定的一种法律制度。行政复议是行政机关实施的被动行政行为，它兼具行政监督、行政救济和行政司法行为的特征和属性，有利于监督和维护行政主体依法行使行政职权，保护相对人的合法权益。行政诉讼，是指公民、法人或者其他组织认为行使国家行政权的机关和组织及其工作人员所实施的具体行政行为，侵犯了其合法权利，依法向人民法院起诉，人民法院在当事人及其他诉讼参与人的参加下，依法对被诉具体行政行为进行审查并做出裁判，从而解决行政争议的制度。它对保障一个国家依法行政，建立法治政府，确保公民、法人或其他组织合法权利免受行政权力的侵害，具有十分重大的意义。

以上是对退役军人合法待遇的法律保护，也是对退役军人工作主管部门及其工作人员的监督，意在通过监督、保障促进退役军人工作部门及其工作人员依法行政，切实保障退役军人合法权益。

124. 违反退役军人保障法的规定，构成违反治安管理行为或者构成犯罪的，应当如何处理？

答：违反退役军人保障法规定的行为，如果同时构成治安管理处罚行为或者同时违反刑法相关规定构成犯罪行为，则可能发生行政法律责任、刑事法律责任等数项法律责任竞合的情况。当出现法律责任竞合时，退役军人工作主管部门及其工作人员、退役军人依退役军人保障法已承担的行政法律责任，不影响其他法律责任的承担。例如，退役军人工作主管部门及其工作人员违反退役军人保障法第75条规定，也可能构成贪污、受贿、挪用公款、渎职等单位犯罪行为或个人犯罪行为，应当依照退役军人保障法对单位或个人追究行政责任，同时根据刑法关于贪污、受贿、挪用公款、渎职犯罪等有关规定，依法追究相应的刑事责任。又如，退役军人违反退役军人保障法第78条规定，弄虚作假骗取退役相关待遇的，如果其弄虚作假骗取退役相关待遇的过程中，涉及伪造、变造、买卖国家机关公文、证件、印章等犯罪行为，或者涉及诈骗犯罪相关行为，一方面，根据退役军人保障法规定，应由县级以上地方人民政府退役军人工作主管部门取消退役军人相关待遇，追缴非法所得，并由其所在单位或者有关部门依法给予处分；另一方面，应根据刑法关于伪造、变造、买卖国家机关公文、证件、印章犯罪相关规定，或者诈骗罪相关规定，依法追究相应的刑事责任。再如，退役军人依照退役军人保障法第70条相关规定表达诉求、维护自身合法权益的，或者依照退役军人保障法第74条相关规定对退役军人保障工作中违反退役军人保障法行为予以检举、控告的，如果未采取合法方式进行，违反治安管理处罚相关法律规定的，依法给予治安管理处罚，构成犯罪的，依法追究相应的刑事责任。

125. 除了从中国人民解放军依法退出现役的军官、军士和义务兵外，哪些人员还可以适用退役军人保障法相关规定？

答：中国人民武装警察部队依法退出现役的警官、警士和义务兵等人员适用退役军人保障法。人民武装警察部队是中华人民共和国武装力量的重要组成部分，由党中央、中央军事委员会集中统一领导，担负执勤、处置突发社会安全事件、防范和处置恐怖活动、海上维权执法、抢险救援和防卫作战以及中央军事委员会赋予的其他任务。人民武装警察享有法律、法规规定的现役军人的权益，当人民武装警察退出现役时，也享有法律法规赋予退役军人的权益。中国人民武装警察部队依法退出现役的警官、警士和义务兵分别适用退役军人保障法关于军官、军士和义务兵的有关规定。

退役军人保障法有关军官的规定适用于文职干部。文职干部是我国实行文职干部制度时期被任命为初级以上专业技术职务或者办事员级以上职务且不授予军衔的现役军人，他们是国家干部队伍的组成部分。根据有关法律法规，文职干部退出现役以后的安置和管理，按照现役军官的有关规定执行。

126. 哪些人员可以参照适用退役军人保障法相关规定？

答：军队院校学员依法退出现役的，参照退役军人保障法有关规定执行。军队院校学员，是中国人民解放军院校按照国家和军队有关招生政策规定录取的全日制学习的干部学员、生长干部学员和士官学员。凡是按照国家和军队有关招生政策规定录取的军队院校学员都有中国人民解放军军籍，其依法退出现役的，军队有关政策法规作了全面规定。

参试退役军人参照退役军人保障法有关参战退役军人的规定执行。

参试退役军人主要是指参加过核试验的退役军人。参试退役军人曾经为国防建设做出了重要贡献，其退出现役后，也应当享有相应的保障和优待。因此，退役军人保障法规定，参试退役军人适用本法时，参照有关参战退役军人的规定。退役军人保障法第 40 条、第 52 条、第 63 条等多个条文对参战退役军人的安置和待遇保障等作出了规定，参试退役军人可以参照执行。

127. 军官离职休养和军级以上职务军官退休后，如何安置管理？

答：鉴于现役军官法已经对离休军官、军级以上职务退休军官的安置管理作了规定，退役军人保障法没有重复，仅在第 21 条对移交政府安置的退休军官作了规定。在向社会公开征求意见过程中，许多意见提出退役军人保障法没有体现离退休军官的法律地位，应当予以规范。考虑到军事政策制度改革正在统筹推进，经反复研究，本条第一款作了衔接性规定，规定军官离职休养和军级以上职务军官退休后按照国务院和中央军事委员会的有关规定安置管理。

128. 对退役军人保障法施行前已经按照自主择业方式安置的退役军人，如何保障他们的待遇？

答：2001 年，中共中央、国务院、中央军委颁布《军队转业干部安置暂行办法》，对军队转业干部实行计划分配与自主择业相结合的方式安置。退役军人保障法第 84 条提到的“本法实施前已经按照自主择业方式安置的退役军人”，指的就是 2001 年以来按暂行办法规定已经退出现役的自主择业军队转业干部。多年来，国务院有关部门和中央军委相关部门根据该暂行办法先后出台系列文件，不断健全完善自主择业安置政策制度，尤其是在待遇保障上已形成了涵盖核定、调整、发放等各方面较为完备的政策体系，各地按照规定落实政策，保障了自主择业军转干部各项待遇。自主择业军队转业干部在社会主义现代化建设中发挥了重要作用。考虑到军事政策制度改革正在统筹推进，退役军人保障法对自主择业军队转业干部的待遇保障作了衔接性规定，规定本法施行前已经按照自主择业方式安置的退役军人的待遇保障，按照国务院和中央军事委员会的有关规定执行。